OS **passos espirituais** DO
CAMINHO SINODAL

ENCONTRAR · ESCUTAR · DISCERNIR

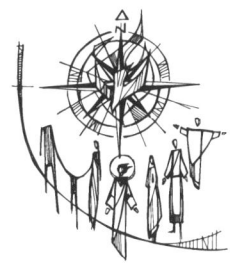

PE. ADELSON ARAÚJO DOS SANTOS, SJ

Os **passos espirituais** do
CAMINHO SINODAL

ENCONTRAR • ESCUTAR • DISCERNIR

Edições Loyola

Título original do *Instrumentum Laboris* (reproduzido no anexo desta obra):
Instrumentum laboris per la prima sessione della XVI Assemblea Generale Ordinaria del Sinodo dei Vescovi

© Amministrazione del Patrimonio della Santa Sede Apostolica

© Dicastero per la Comunicazione – Libreria Editrice Vaticana

---

Dados Internacionais de Catalogação na Publicação (CIP)
(Câmara Brasileira do Livro, SP, Brasil)

Santos, Adelson Araújo dos
 Os passos espirituais do caminho sinodal : encontrar, escutar, discernir / Pe. Adelson Araújo dos Santos, SJ. -- São Paulo : Edições Loyola, 2023. -- (Eclesiologia)

Bibliografia.
ISBN 978-65-5504-298-6

1. Concílios ecumênicos e sínodos - História 2. Doutrina cristã 3. Eclesiologia 4. Espiritualidade I. Título. II. Série.

23-169768   CDD-262

Índices para catálogo sistemático:

1. Igreja : Eclesiologia : Cristianismo   262

Eliane de Freitas Leite - Bibliotecária - CRB 8/8415

Preparação: Maria Suzete Casellato
Diagramação: Designios Editoriais
Capa: Ronaldo Hideo Inoue
 Composição a partir da imagem
 de © bernardojbp sobre fundo de
 © Mybona. © Adobe Stock.
Revisão: Maria Teresa Sampaio

Edições Loyola Jesuítas
Rua 1822 nº 341 – Ipiranga
04216-000 São Paulo, SP
T 55 11 3385 8500/8501, 2063 4275
editorial@loyola.com.br
vendas@loyola.com.br
www.loyola.com.br

Todos os direitos reservados. Nenhuma parte desta obra pode ser reproduzida ou transmitida por qualquer forma e/ou quaisquer meios (eletrônico ou mecânico, incluindo fotocópia e gravação) ou arquivada em qualquer sistema ou banco de dados sem permissão escrita da Editora.

ISBN 978-65-5504-298-6

© EDIÇÕES LOYOLA, São Paulo, Brasil, 2023

ORAÇÃO PELO SÍNODO

***Adsumus Sancte Spiritus*[1]**
Aqui estamos, diante de Vós, Espírito Santo:
estamos todos reunidos no vosso nome.
Vinde a nós,
assisti-nos,
descei aos nossos corações.
Ensinai-nos o que devemos fazer,
mostrai-nos o caminho a seguir, todos juntos.
Não permitais que a justiça seja lesada por nós, pecadores,
que a ignorância nos desvie do caminho,
nem as simpatias humanas nos torne parciais,
para que sejamos um em Vós
e nunca nos separemos da verdade.

---

1. Todas as sessões do Concílio Vaticano II começavam com a oração *Adsumus Sancte Spiritus*, as primeiras palavras do original latino, que significam: "Estamos diante de Vós, Espírito Santo", que foi usada historicamente em Concílios, Sínodos e outras reuniões da Igreja ao longo de centenas de anos, e é atribuída a Santo Isidoro de Sevilha (ca. 560 – 4 de abril 636). Ao abraçarmos este Processo Sinodal, esta oração convida o Espírito Santo a trabalhar em nós para que possamos ser uma comunidade e um povo de graça (cf. Secretaria Geral do Sínodo dos Bispos, Cidade do Vaticano, setembro de 2021).

Nós Vo-lo pedimos
a Vós que, sempre e em toda parte,
agis em comunhão com o Pai e o Filho
pelos séculos dos séculos.
Amém.

SUMÁRIO

PREFÁCIO 9

INTRODUÇÃO 15

Capítulo I
    PRIMEIRO PASSO: ENCONTRAR 23
        1. Encontrar-se com Deus 24
        2. Encontrar-se com os outros 30
        3. Encontrar-se com a criação (o mundo) 34

Capítulo II
    SEGUNDO PASSO: ESCUTAR 37
        1. A escuta da Palavra de Deus 39
        2. A escuta do outro 44
        3. A escuta da criação e da realidade 51
        4. A escuta do próprio coração 57

Capítulo III
    TERCEIRO PASSO: DISCERNIR 65
        1. O discernimento pessoal 70

    2. O discernimento comunitário 76
    3. Critérios de avaliação do discernimento 85

Conclusão
    OS FRUTOS DO PROCESSO SINODAL 99

REFERÊNCIAS BIBLIOGRÁFICAS 105

Anexo
    DOCUMENTO PREPARATÓRIO 111

PREFÁCIO

"Celebrar um Sínodo é sempre bom e importante, mas só é verdadeiramente fecundo se se tornar expressão viva do ser Igreja, de um agir marcado pela verdadeira participação. E isso, não por exigências de estilo, mas de fé" (Papa Francisco, Abertura do Sínodo que refletirá a Sinodalidade, 9 out. 2021). A sinodalidade é expressão da fé e a fé é visibilizada na sinodalidade, como comunidades, igrejas particulares e toda a Igreja, que se colocam a caminho: o caminhar daqueles que, encantados com a boa-nova, seguem a Jesus Cristo.

Trata-se, pois, de um caminho impulsionado pelo *encontro*, que pede a atenção da *escuta*, que por sua vez possibilita o *discernimento*. No presente livro, intitulado *Os passos espirituais do caminho sinodal: encontrar, escutar, discernir*, o autor nos oferece uma abordagem à luz da teologia espiritual sobre a sinodalidade, concentrando-se sobre estes três verbos, os quais indicam o caminhar, o mover-se de uma comunidade, de uma igreja particular. Pois o verbo exprime ação, movimento; indica e aponta processos. O verbo também articula os diferentes elementos da frase. E, finalmente, o verbo indica os tempos da vida: passado, futuro, presente. São os verbos que recolhem e acolhem a força, o vigor do caminho feito juntos e do estar juntos a caminho. *Sin-odo-idade*:

Sin = junto; *odos* = caminho; *id* (idade) = força, vigor; juntos-caminho-vigor; o vigor de juntos abrir veredas. O vigor, a força que atrai e envia juntos a caminho. O vigor, a força que nos mantém a caminho, que nos deixa percorrer o caminho, mesmo que sejam trilhas, sendas, veredas: as veredas do sertão da vida que se abrem nos passos que damos juntos e que plenificam existências.

Em *Os passos espirituais do caminho sinodal: encontrar, escutar, discernir*, o primeiro verbo comentado é *Encontrar*, que tem sua fonte no ter sido encontrado. Mais que encontrar, a experiência primeira é a de ser encontrado. É a dinâmica do amor, da fé. Fomos e somos buscados, encontrados por Deus. O mistério encarnatório de Deus é a antecipação por Deus. Bernardo de Claraval indica a dinamicidade de encontrar: ser encontrado! "Não o procurarias, se primeiro Ele não te tivesse procurado; não o amarias, se primeiro Ele não te tivesse amado. [...] É evidente que não terias podido procurá-lo, se primeiro Ele não te tivesse procurado; e agora que Ele te procura, não podes deixar de O procurar. Que a alma disto se lembre: foi o Esposo quem, primeiro, a procurou e quem, primeiro, a amou; tal é a fonte da sua própria procura e do seu próprio amor" (São Bernardo, *Sermões sobre o Cântico dos Cânticos*, n. 84).

Desse modo, o passo do encontrar é iniciativa do Amor. O primeiro passo direciona os passos dos passantes e "encontrantes". Passo de liberdade do Amor que se dá e doa totalmente, sem um porquê, sem um para quê. Encontrar é gratuidade, foge de tudo o que é imposição e troca. A dinamicidade do amor que amou por primeiro desperta o desejo do encontrar. É o ritmo do Amor que oferece passos na liberdade, na cordialidade, na gratuidade. É que os encontros, a dinamicidade de encontrar, nascem da manifestação de Deus em Jesus, que é a antecipação do amar. Os encontros recebem um toque sagrado no nascer de Deus. Nessa irradiação amorosa todos chegam depois e são pertencentes. A reflexão sobre o passo espiritual do encontrar nos leva àquela percepção de que todos os passos nascem do encontrar e levam a encontrar, sendo nesse encontro revigorados, fortificados e amados por aquele que amou primeiro. Em *Querida Amazônia*, o Papa Francisco nos oferece os passos desse encontrar na forma de quatro sonhos: sonho social, sonho cultural, sonho ecológico e sonho eclesial. São ressonâncias da visibilização do Reino de Deus, do ser Igreja encarnada, em uma hermenêutica da totalidade. Encontrar, portanto, é muito mais que ir, é um deixar vir. E um deixar vir que é um ir, sempre dando passos e passos espirituais.

O segundo passo do caminho sinodal, que é apresentado a nós e analisado pelo autor, é o do *Escutar*, que vem do latim *auscultare*, "ouvir com atenção", e deu origem à palavra auscultar, indicando o modo de escuta. Auscultar é como inclinar a orelha, inclinar-se, encostar o ouvido, como o médico que ausculta e nas auscultas vai percebendo a saúde da pessoa que o procura. Trata-se de um inclinar-se para deixar vir ao encontro o que necessita ser escutado e que, assim, recebe a possibilidade de discernir. Portanto, exercitar a arte de escutar é muito mais do que ouvir. A escuta, na comunicação com o outro, é a capacidade do coração que torna possível a proximidade, sem a qual não existe um verdadeiro encontro espiritual. Escutar ajuda a individuar o gesto e a palavra oportunos que nos desinstalam da cômoda condição de espectadores (Papa Francisco, EG 171). A escuta é parte da comunicação e da espiritualidade; tem a força do não-saber, da surpresa reveladora que o auscultar permite acontecer. É a escuta que possibilita o conhecimento, deixar nascer o conhecimento; um "co-nascer"! A escuta leva à abertura que deixa ressoar a sinfonia e, por isso, também a disfonia. A escuta guarda também um silêncio, oferece uma pausa aos nossos ritmos, controla as nossas ânsias pastorais, fazendo-nos parar para escutar.

Escutar o Espírito na adoração e na oração, escutar os irmãos e as irmãs sobre as esperanças e as crises da fé nas diversas áreas do mundo, sobre as urgências de renovação da vida pastoral, sobre os sinais que provêm das realidades locais. Por fim, temos a oportunidade de nos tornarmos uma Igreja da proximidade, que não se alheie da vida, mas cuida das fragilidades e pobrezas, curando as feridas e sarando os corações dilacerados com o vinho e o azeite (Papa Francisco, 29 out. 2021). "Se não sabe escutar, não sabe falar" (Heráclito de Éfeso). O passo de escutar gera palavras. Palavras nascidas do silêncio da escuta possibilitam veredas certeiras. Uma escuta do próprio caminhar, navegar, remar, e que toma forma no discernimento e possibilita encontro.

Discernir é, finalmente, o terceiro verbo sobre o qual o autor de *Os passos espirituais do caminho sinodal: encontrar, escutar, discernir* reflete para nos ajudar a compreender a espiritualidade da sinodalidade. *Dis-cernere*; distinguir; *cernere* (*skribh* – raiz indo-europeia – distinguir). No sondar, no auscultar, distinguir e, na ação de distinguir (*dis*), encontrar distintas vias, caminhos. O discernimento é aquela reflexão da mente e do coração que devemos fazer antes de tomar uma decisão. A ausculta a partir do encontro conduz ao discernimento. O discernimento é árduo, mas indispensável para viver. Requer conhecimento, sensibilidade para o que é fundamental. "Exige sobretudo uma relação filial com Deus, que nunca impõe a sua vontade, porque quer ser amado, não temido. E o amor só pode ser vivido na liberdade. Para aprender a viver é preciso aprender a amar, e por isso é necessário discernir" (Papa Francisco, Audiência Geral de 31 ago. 22).

Encontrar, escutar e *discernir* são abordados neste livro como os três passos espirituais do caminho sinodal. São passos distintos, mas sempre referentes ao mesmo caminho: o seguimento de Jesus. Na comunidade que segue a Jesus, esses passos caracterizam o movimento de todos os que estão a caminho. São passos espirituais porque guiados pelo Espírito. *Encontrar, escutar* e *discernir*, no movimento do Espírito de Cristo, são todos iluminados, guiados, esclarecidos pelo Espírito Santo, que conduz a Igreja e renova a face da terra.

Porque somos Igreja e comunidade, queremos também ser encontrados e nos colocar todos a caminho, abertos para o que o Espírito deseja dizer às igrejas. Trata-se de um caminho a ser feito, mas todos juntos, fazendo com que nesse caminhar as nossas ideologias, ideias pessoais e sonhos individuais cheguem a entrar em crise, passando pela experiência de purificação.

O passo do *encontrar*, o passo do *escutar* e o passo do *discernir*, como nos mostra o autor, são um verdadeiro itinerário do

Espírito. São passos espirituais de todo o Povo de Deus: leigos e leigas, presbíteros, os de vida consagrada, diáconos, bispos, ministérios, serviços, pastorais. E, porque se trata de passos espirituais, não seguem formas e fórmulas, o já sabido, o já definido, o estruturado. É a possibilidade de visualizar e experimentar também a conversão da falta de fraternidade, da ideologização da religião, da prática da injustiça, do esquecimento da misericórdia. *Encontrar, escutar* e *discernir* são apenas tentativas de ser expressão do viver o Evangelho como Povo de Deus. São passos que encontram, escutam, acolhem as necessidades e os valores sociais, a riqueza e o vigor das culturas, o cuidado e cultivo ecológico e a vida das comunidades eclesiais (Papa Francisco, *Querida Amazônia*). No discernimento que a escuta possibilita a partir do ser encontrado, discípulas e discípulos mostram e revelam a beleza e a transformação da fé, a alegria do Evangelho.

O livro que nos chega às mãos nos ajuda a perceber, enfim, a dinâmica necessária para que o Espírito possa "falar às igrejas", que são presença do Crucificado-Ressuscitado. A abordagem teológico-espiritual sobre *Os passos espirituais do caminho sinodal: encontrar, escutar, discernir* nos provoca, assim, a permanecer e a caminhar com Jesus, caminho, verdade e vida, na experiência da sinodalidade.

Uma boa leitura!

Leonardo Cardeal Ulrich Steiner
Arcebispo de Manaus

INTRODUÇÃO

É bem provável que você, leitor, já tenha ouvido falar nos últimos tempos sobre o tema da sinodalidade, palavra que passou a fazer parte do vocabulário católico atual, sobretudo a partir do pontificado do Papa Francisco, mas que recorda uma das características mais antigas da Igreja Católica desde o seu nascimento.

De fato, desde que foi convocado pelo Papa nos dias 8 e 9 de outubro de 2021, o Sínodo sobre a Sinodalidade tem suscitado muito interesse dos católicos em geral, não faltando bons comentários e análises teológicas e eclesiológicas sobre a importância desse processo já em andamento, rumo à primeira assembleia geral do sínodo, por sua vez marcada para outubro de 2023 e à qual se seguirá posteriormente outra, em 2024. Este livro pretende ser uma contribuição a mais para a compreensão do que trata a sinodalidade e o caminho sinodal. Concentra-se sobretudo no olhar e na perspectiva da espiritualidade sobre o tema, a fim de que reflitamos como cada um de nós, batizados e batizadas, podemos trilhar juntos este caminho, seguindo a nossa vocação comum de cristãos e o nosso estado de vida específico (leigos, consagrados, ministros ordenados etc.), de modo a favorecer que todos possam participar e contribuir pessoal e comunitariamente neste processo. A sinodalidade não começou nem terminará com as assembleias do Sínodo, mas continuará a ser uma prática e dinâmica permanente da Igreja deste novo milênio, como já era no princípio do cristianismo, isto é, uma Igreja em que todos caminham juntos, guiados pelo Espírito.

Para fundamentar nossa reflexão, buscaremos comentar alguns *passos espirituais* deste caminho, baseando-nos sobretudo nos três verbos utilizados pelo Papa Francisco para descrever o percurso sinodal: *encontrar; escutar; discernir*. Para ajudar a entender o sentido espiritual desses verbos e a sua relação com a sinodalidade da Igreja, recorreremos muitas vezes à espiritualidade inaciana, ou seja, aos conhecidos Exercícios Espirituais de Santo Inácio de Loyola, que, como afirmou o Papa Bento XVI, são "um dom que o Espírito do Senhor concedeu à Igreja inteira"[1], oferecendo-nos até hoje uma verdadeira mística e pedagogia do seguimento a Cristo, resumida na frase "em tudo amar e servir". Além disso, recorreremos várias vezes aos textos da Sagrada Escritura e aos ensinamentos dos santos e mestres da espiritualidade do passado e do presente. Buscaremos também nos orientar pelo magistério do Papa Francisco e de seus antecessores, bem como por outros documentos e experiências vividas recentemente pela Igreja, com especial destaque para os últimos sínodos convocados por Francisco – *Da Família; Da Juventude; Da Amazônia* – por considerarmos a todos eles como

---

1. BENTO XVI, *Discurso aos participantes na Congregação Geral da Companhia de Jesus* – jesuítas, 21 de fevereiro de 2008.

precursores do caminho sinodal que o Papa hoje nos convoca a trilhar, com a inauguração de um novo sínodo, desta vez, sobre o tema da *Sinodalidade*.

O nosso objetivo será, portanto, identificar, no caminho sinodal que a Igreja é chamada a fazer, as características de uma *espiritualidade da sinodalidade*. Esperamos, assim, oferecer a você, leitor, como membro do Povo de Deus, um subsídio útil que o auxilie a se engajar nesta convocação que o Papa nos faz, que começa com um profundo desejo de conversão e de reconciliação em todos os níveis das relações humanas: consigo mesmo, com os outros, com a nossa casa comum (e as criaturas) e com Deus Pai, Filho e Espírito Santo. Da mesma forma, esperamos que a nossa reflexão possa também ser aproveitada pelas pastorais, comunidades paroquiais, movimentos eclesiais, seminários diocesanos, casas de formação, congregações religiosas etc., para estimular o estudo e a partilha sobre um tema que deve nos envolver e comprometer a todos, dissipando eventuais dúvidas e receios que o tema da sinodalidade possa ter despertado em alguns ambientes católicos.

Fazendo uma rápida memória do processo histórico que estamos vivendo, como dissemos acima, o atual Sínodo sobre a Sinodalidade se iniciou oficialmente no dia 9 de outubro de 2021, na Nova Sala do Sínodo, no Vaticano, na presença do Papa Francisco, de muitos cardeais da cúria romana, de reitores das universidades pontifícias em Roma, dos membros das comissões teológica, metodológica, de comunicação e de espiritualidade da secretaria do Sínodo, dos delegados das conferências episcopais vindos de diversas partes do mundo, entre sacerdotes, religiosos e religiosas, leigos e leigas, jovens etc. Essa abertura oficial continuou no dia seguinte, 10 de outubro de 2021, com a celebração eucarística na Basílica de São Pedro, presidida pelo Papa Francisco.

Na homilia que proferiu naquela missa, o Santo Padre, comentando o trecho do Evangelho proclamado – Marcos 10,17-30 –, recordou que o encontro do jovem rico com Jesus se deu enquanto o Mestre estava caminhando com os seus discípulos, como sempre fazia. Para Francisco, este *estar a caminho* é o que, hoje, nós também somos chamados a fazer neste Sínodo: caminhar juntos, encontrando a outros ao longo da estrada, escutando o que dizem e ajudando-os a discernir, a encontrar Deus e o projeto de Deus para as suas vidas. O cardeal Jean-Claude Hollerich, Relator Geral do próximo Sínodo, da mesma forma, afirmou na sessão de abertura do caminho sinodal que "uma Igreja sinodal é uma igreja relacional, uma Igreja do encontro". Confirmando as palavras do Papa, ele assim nos apresentava uma primeira característica ou passo espiritual que temos que trilhar em direção à sinodalidade, isto é, o do encontrar-se, acrescentando que isso implica em "tomar um tempo para o outro, caminhando juntos"[2]. Mas, além disso, o cardeal Hollerich apontava um seguinte e central exercício que temos de fazer para chegar à sinodalidade, quando afirmou que "juntos iniciaremos um caminho em que

---

2. HOLLERICH, J.-C., *Momento de reflexão para o início do caminho sinodal*, 9 de outubro de 2021.

os pastores devem escutar a voz das ovelhas". Dessa forma, a escuta foi destacada como outro passo fundamental no processo sinodal, já que esta nos fará capazes de "escutar a presença de Deus"[3], como uma qualidade divina que nos faz passar humildemente do *eu* para o *nós*.

Prosseguindo em sua homilia, o Papa ainda ressaltou que "o encontro e a escuta mútua não têm um fim em si mesmo, que deixa tudo como está", mas levam ao discernimento. Pois "o Sínodo é um caminho de discernimento espiritual, de discernimento eclesial"[4], indicando, portanto, um terceiro passo a ser dado neste percurso espiritual rumo à sinodalidade, ou seja, o exercício do discernimento. *Encontrar*, *escutar* e *discernir* são, portanto, os três verbos que o Papa Francisco usou na homilia da missa de abertura do percurso sinodal, para nos ajudar a entender em que consiste este momento especial que a Igreja vive e ao qual todos nós, batizados, podemos e devemos participar e dar a nossa colaboração, já que "reina entre todos verdadeira igualdade quanto à dignidade e ação comum a todos os fiéis na edificação do Corpo de Cristo"[5].

Em nossa reflexão buscaremos ainda ressaltar outros importantes passos ou momentos do caminho sinodal, que em nosso entendimento nos ajudam a entender melhor a ação do

---

3. Ibidem.
4. FRANCISCO, *Homilia na celebração da Eucaristia para a abertura do Sínodo sobre Sinodalidade*, Basílica de São Pedro, 10 de outubro de 2021.
5. Ibidem.

Espírito Santo em toda a sua amplitude sobre a comunidade e sobre cada um de nós, destacando a importância do momento do *decidir* (a *eleição*, na linguagem inaciana) e o momento do *agir*, que completam o percurso espiritual da sinodalidade, mostrando a especificidade de cada um desses passos, como também a interligação que existe entre eles.

Com efeito, como muito bem explica o documento preparatório ao Sínodo da Sinodalidade, o que favorece que as decisões na Igreja sejam tomadas pela prática do discernimento espiritual, "com base em um consenso que brota da comum obediência ao Espírito"[6], é o estilo sinodal. Por isso, é fundamental que neste caminhar juntos não apenas nos encontremos e nos escutemos, mas também conheçamos e saibamos usar os métodos e exercícios espirituais que favoreçam a tomada de decisões em conjunto, aumentando a participação de todos os membros das nossas comunidades nos processos decisórios, seja em sua fase consultiva, seja em sua fase deliberativa, sob a liderança dos nossos bispos diocesanos e, em última análise, do bispo de Roma, o Papa, criando, enfim, mais transparência e corresponsabilidade entre todos.

Finalmente, não podemos esquecer que todos esses passos espirituais do percurso sinodal nos devem conduzir a um agir apostólico concreto, posto que somos sempre uma Igreja com uma missão a realizar. Eis por que concluiremos a nossa

---

6. DOCUMENTO PREPARATÓRIO da XVI Assembleia Geral Ordinária do Sínodo dos Bispos, *Para uma Igreja sinodal: comunhão, participação e missão*, 30, IX.

reflexão abordando o impulso missionário que todo este processo nos deve proporcionar, isto é, o agir e a ação apostólica que emerge de todo o caminho percorrido juntos. Aliás, como bem lembrou o Papa na abertura deste processo sinodal, o agir deve expressar a concretude da sinodalidade, vivida em cada passo do percurso, com o envolvimento real de cada um, pois "celebrar um Sínodo é sempre bonito e importante, mas é realmente proveitoso se expressão viva do ser Igreja, do agir caracterizado pela verdadeira participação"[7]. Essa experiência de comunhão e participação, de que todos somos convidados a fazer parte, deve, portanto, ter sempre em vista a missão, pois "uma Igreja sinodal é uma Igreja 'em saída', uma Igreja missionária"[8]. Ao final da nossa reflexão, o leitor encontrará como Anexo o Documento Preparatório preparado pela Secretaria Geral do Sínodo dos Bispos, com o título *Para uma Igreja sinodal: comunhão, participação e missão*, como suporte teológico à nossa abordagem, que, como já acenamos, terá como foco a espiritualidade da sinodalidade.

Esperamos, assim, que as páginas a seguir permitam a você, caro leitor, aprofundar cada um desses passos ou movimentos espirituais que identificamos como parte do processo sinodal, para que, ao final de toda essa reflexão, tal leitura se configure em uma ferramenta que ajude a todos nós em nosso processo pessoal e comunitário de contínua conversão sinodal.

---

7. Francisco, *Discurso de abertura do Sínodo*, 9 de outubro de 2021.
8. Documento Preparatório..., 15.

Dessa forma, o Espírito de Cristo poderá continuar a agir na história e a mostrar o seu poder vivificante na Igreja e no mundo[9].

Convido-o, pois, a entrar neste caminho espiritual rumo à sinodalidade, deixando que o *encontro*, a *escuta* e o *discernimento* sejam cada vez mais elementos presentes na sua relação com Deus, com o próximo, com o mundo (a nossa casa comum) e consigo mesmo.

---

9. Cf. DOCUMENTO PREPARATÓRIO..., 7.

CAPÍTULO I

PRIMEIRO PASSO: ENCONTRAR

Com relação ao momento do *encontrar*, primeiro verbo destacado pelo Papa na homilia da missa de abertura do Sínodo, recordemos que coube inicialmente às conferências episcopais a organização de diversos encontros em nível continental, enquanto as dioceses espalhadas pelo mundo inteiro promoveram os encontros diocesanos do atual percurso sinodal. Todos esses encontros já acontecidos tiveram por objetivo seguir as fases e passos metodológicos previstos para que o Sínodo sobre a Sinodalidade fosse, de fato, o mais amplo e participativo possível, desde o seu início até as assembleias gerais marcadas para 2023 e 2024. A nossa reflexão, contudo, pretende ser uma contribuição que ultrapasse no tempo essas assembleias, uma vez convencidos de que o caminho sinodal que somos chamados a trilhar juntos é algo para se fazer permanentemente, como estilo de ser Igreja, guiada sempre pelo Espírito de Cristo. Isso exige que vivamos verdadeiramente uma espiritualidade que leve à sinodalidade.

Entretanto, se quisermos entender com profundidade o alcance da palavra "encontrar", como primeiro movimento que o Espírito Santo nos impele a realizar neste caminho, devemos refletir com atenção sobre as diversas maneiras de realizar este encontro ou, dito de outra maneira, os diversos atores envolvidos. Por isso que, a seguir, buscaremos enfocar como a espiritualidade cristã nos leva ao encontro com Deus, com os outros, com a criação (o mundo) e consigo mesmo. Pois é na nossa identidade como ser de relações que aprendemos a nos encontrar e a caminhar juntos.

1. Encontrar-se com Deus

O Papa Francisco, ao convocar a todos nós, batizados e batizadas, para trilharmos o caminho sinodal, indica que este, desde o início, nos leva a sermos "especialistas na arte do encontro". Como ensina o Papa, não se trata de saber organizar eventos ou de fazer grandes reflexões teóricas sobre os problemas que afligem a humanidade e a Igreja hoje, mas, antes de tudo, de encontrar tempo para encontrar-se com o Senhor, criando mais momentos pessoais e comunitários de oração e de adoração, "esta oração que tanto negligenciamos", pois, como insiste Francisco, isso nos permitirá ouvir "o que o Espírito quer dizer à Igreja"[1].

As palavras do Bispo de Roma nos mostram o quanto a sinodalidade que ele tem nos convocado a viver vem necessariamente acompanhada de uma espiritualidade alicerçada e alimentada continuamente pelo encontro com Deus, especialmente na

---
1. FRANCISCO, *Homilia na celebração da Eucaristia para a abertura do Sínodo...*

oração e na adoração. Também o Papa Bento XVI[2] nos recordara o valor do tema do Encontro, quando, refletindo sobre a Peregrinação Apostólica feita pelos jovens a Colônia, por ocasião da Jornada Mundial da Juventude de 2005, convidou todos a seguirem o exemplo dos Reis Magos e a fazerem com eles uma peregrinação interior de conversão rumo ao menino Jesus, o Emanuel (Deus conosco), para que, encontrando-o, o adorassem e, depois, partissem de novo levando no coração a sua luz e a sua alegria (cf. Mt 2,1-12). De fato, os textos sagrados da Bíblia em geral e, particularmente, os Evangelhos, estão repletos de encontros de profunda densidade espiritual e teológica, como aquele de Nicodemos com Jesus (cf. Jo 3,1-21) ou o encontro dos discípulos de Emaús com o Ressuscitado (cf. Lc 24,13-35), todos esses encontros vitais que desafiam e que orientam o caminho a seguir.

O encontro com Deus e com a sua Palavra deve estar, portanto, entre os primeiros passos do caminho sinodal, como momento especial de renovarmos em nós o entusiasmo e a alegria proporcionados pelo encontro com o Senhor. Recorrendo ainda às palavras de Bento XVI, podemos recordar que a fé cristã consiste, em última análise, neste encontrar "Aquele"

> que me sustenta e, apesar da imperfeição e da incompletude intrínseca de todo encontro humano, me concede a promessa de um amor indestrutível, que não só aspira à eternidade,

---

2. BENTO XVI, *Reflexões sobre a Peregrinação Apostólica a Colônia por ocasião da Jornada Mundial da Juventude*, Audiência Geral de 24 de agosto de 2005.

mas a concede. A fé cristã tira sua força vital do fato de que não só existe objetivamente um sentido da realidade, mas que esse sentido é personificado por Aquele que me conhece e me ama, de modo que posso confiar-me a ele com atitude de criança, que tem plena consciência de que todos os seus problemas estão seguros no "tu" de sua mãe[3].

Por outro lado, falando aos membros da cúria romana, o Papa Francisco lhes alertava para o risco de se perder a memória do encontro pessoal com o Senhor, substituindo este encontro pela dependência completa do presente, das próprias paixões, caprichos e manias, construindo muros em torno de si e sendo "cada vez mais escravos dos ídolos que esculpiram com as suas próprias mãos" e vivendo "a doença do 'Alzheimer espiritual', ou seja, o esquecimento da 'história da salvação', da história pessoal de encontro com o Senhor, do 'primitivo amor' (Ap 2,4)"[4].

Assim, o primeiro passo espiritual em que o Sínodo sobre a Sinodalidade deve nos envolver e que deve nos motivar a redescobrirmos é o da centralidade do encontro com Deus na nossa fé, cuja Palavra é um tesouro de que a Igreja é não só guardiã e testemunha, mas também é chamada a partilhar com todos os homens e mulheres de nosso tempo. Isso, porém, supõe que sejamos capazes de, em nossas comunidades, paróquias,

---

3. Idem, *Introduzione al cristianesimo*, n. 46.
4. FRANCISCO, *Discurso do Papa no Encontro com os Cardeais e Colaboradores da Cúria Romana para a troca de bons votos de Natal*, 22 de dezembro de 2014.

movimentos e pastorais, superar o risco de vivenciarmos apenas certos tipos de fé e de espiritualidade, muitas vezes mais voltados a satisfazer a nossa necessidade de segurança e de conforto, mas incapazes de proporcionar uma verdadeira experiência do encontro com Deus vivo à luz do Evangelho e com a força do seu Espírito[5].

Por outro lado, ao falarmos da importância do encontro com Deus como um dos primeiros passos do caminho sinodal, temos de recordar que, além da oração pessoal, outro momento primordial de encontro com nosso Senhor é a oração litúrgica, dentro da qual se destaca por excelência a celebração eucarística. Contudo, é importante salientar que uma espiritualidade que leva à sinodalidade é também uma espiritualidade que nos interpela continuamente a não fazermos da liturgia um conjunto de normas rígidas e meramente ritualísticas. Ao contrário, temos de nos esforçar para fazermos dos momentos celebrativos e litúrgicos de nossas comunidades momentos de verdadeiros e transformadores encontros entre nós e a boa-nova revelada em Jesus Cristo; nunca é demais recordar que é no encontro com Jesus que iniciamos um caminho que dá sentido à nossa vida e no qual conseguimos compreender a essência das coisas, a partir desse encontro com Aquele que é o caminho, a verdade e a vida[6].

---

5. Cf. SÍNODO DOS BISPOS, *Documento Final da XV Assembleia Geral Ordinária: Os Jovens, a Fé e o Discernimento Vocacional*, 27 de outubro de 2018.
6. Cf. GRUN, A., *Spiritualità. Per una vita riuscita*, Milano, San Paolo, 2009, 38.

Nesse sentido, um aspecto central do encontro do cristão com Deus que devemos destacar refletindo sobre a espiritualidade sinodal é, sem dúvida, a importância dos sacramentos na realização desse encontro. De fato, recordando a profundidade teológica e o significado antropológico dos sacramentos, podemos afirmar que esses existem para favorecer o encontro dos homens e das mulheres com Deus na sua condição histórica e na capacidade que estes possuem de se relacionar e se comunicar com os outros no mundo[7]. Como ensina o teólogo católico belga Schillebeeckx, os sacramentos "são a forma propriamente humana de encontrar Deus"[8]. Isso significa que não podemos pensar em um encontro real com Deus que esteja fora da relação sacramental que ele quis ter com os seus filhos. O caminho sinodal nos oferece, assim, uma excelente oportunidade para refletir como está a nossa vivência dos sacramentos, na vida pessoal e nas nossas comunidades, avaliando se por meio deles está se dando verdadeiramente esse encontro entre Deus e o ser humano em plenitude, como marca de uma autêntica experiência espiritual cristã, ou se o reduzimos a uma prática somente exterior e cultural que herdamos dos nossos antepassados, mas que não se relaciona com a nossa vida concreta e muito menos a transforma.

Por outro lado, é preciso que o caminho sinodal que somos convidados a trilhar como Igreja hoje nos leve a nos perguntarmos como favorecer que o cristão seja capaz de viver uma

---

7. Cf. ROCCHETTA, C., *Sacramentaria fondamentale*, 31.
8. SCHILLEBEECKX, E., *Cristo sacramento*, 15.

espiritualidade que o ajude a encontrar Deus dentro e também fora dos templos, dos ritos e dos sacramentos, ou seja, nos diferentes lugares onde vive e nas diferentes situações existenciais, históricas e culturais que experimenta. Trata-se, com efeito, de ver o mundo como lugar de encontro com Deus e de realização da nossa missão, buscando e achando a Deus em todas as coisas, como nos ensina Santo Inácio de Loyola na *Contemplação para alcançar o amor,* dos seus Exercícios Espirituais. Assim, também as coisas e atividades humanas ou "mundanas" se convertem em lugar de encontro com Deus e de intercâmbio amoroso com ele, como escreve Juan Antonio Guerrero[9], pois tudo é dom, tudo é recebido de Deus e tudo pode ser oferecido a ele [EE 234], já que ele "habita" em tudo [EE 235] e "trabalha e labuta para mim em todas as coisas criadas" [EE 236]. Uma verdadeira espiritualidade da sinodalidade considera que cada ser humano é capaz de se encontrar com Deus e de realizar esse encontro na própria vida e realidade histórica e existencial, uma vez que, como já dizia o bispo-poeta Pedro Casaldáliga, "amamos esta terra e esta história porque é para nós a única mediação possível de encontro com o Senhor e seu Reino"[10].

---

9. Cf MUNDO, in *Diccionario de Espiritualidad Ignaciana*, Madri, 2007, 1311-1312.
10. CASALDÁLIGA, P.; VIGIL, J.-M., *Espiritualidade da Libertação*, Petrópolis, 1996, 141.

2. Encontrar-se com os outros

Além de ser um tempo especial de encontro com o Senhor, o percurso sinodal que somos chamados a trilhar deve igualmente favorecer o encontro entre nós, no qual me deixo abordar pelo rosto e pela palavra do outro, encontrando-o face a face, segundo nos ensina novamente o Papa Francisco[11]. No âmbito da vida eclesial, esse deixar-se tocar pelas perguntas dos irmãos e irmãs é fundamental para que a diversidade de carismas, vocações e ministérios presentes em nossas comunidades nos enriqueça. Isso, no entanto, exige abertura, coragem e vontade de se deixar desafiar pelo rosto e pela história do outro. De fato, "fazer-se capaz de diálogo, de tolerância, de respeito às diferenças e à alteridade é uma verdadeira experiência espiritual"[12], assim como o próprio sínodo deve ser um caminho espiritual de conversão e renovação da nossa vida pessoal e eclesial, em que aprendemos a caminhar juntos e não deixar ninguém de fora, em direção à sinodalidade.

No entanto, isso só será possível se houver da nossa parte uma atitude de humildade no encontro com os outros, dentro e fora da Igreja: "se é verdade que, sem humildade, não se pode encontrar Deus nem é possível fazer experiência de salvação, é igualmente verdade que, sem humildade, não se pode sequer

---

11. FRANCISCO, *Homilia na celebração da Eucaristia para a abertura do Sínodo...*
12. BARROS, M.; CARAVIAS, J. L., *Teologia da Terra*, Petrópolis, 1988, 416.

encontrar o próximo, o irmão e a irmã que vivem ao nosso lado"[13]. Portanto, seguindo com humildade o caminho sinodal, devemos estar abertos a partilhar a fé e a própria vida entre nós em nossas comunidades e grupos eclesiais e com outras pessoas e comunidades não católicas ou cristãs, sendo fermento do Reino de Deus no mundo. Eis aqui um passo espiritual importante que podemos e devemos dar para viver a sinodalidade e colaborarmos na construção de um verdadeiro cristianismo sinodal, ainda que isso leve tempo e exija de nós mudança de paradigmas e estilos de vida, como chama a atenção o teólogo Mário de França Miranda:

> O cristianismo futuro irá recuperar a diversidade de carismas no interior da comunidade cristã; carismas esses a serem empregados tanto na construção da vida comunitária quanto na irradiação da fé cristã para os de fora. Naturalmente, esse fato exigirá novo posicionamento do clero, que deverá oferecer formação e espaço de ação para o laicato, seja no interior da comunidade, seja no trato com a sociedade. Devido ao fator inércia, certamente será um processo demorado por quebrar estereótipos e hábitos do passado, presentes no clero e no laicato, mas que deverão desaparecer para permitir a realização do cristianismo sinodal[14].

---

13. FRANCISCO, *Discurso à cúria romana para as felicitações de Natal*, 23 de dezembro de 2021.
14. MIRANDA, M. F., *Um cristianismo sinodal em construção*, São Paulo, Paulinas, 2022, 117.

Em relação aos não-cristãos, a abertura de nossas comunidades à sinodalidade deve levar ao diálogo e à colaboração fraterna mesmo com outras religiões ou grupos que não professam a nossa fé, com vistas à construção de uma sociedade mais justa e humana, pois que somos Povo de Deus que, guiado pela perfeita comunhão do Pai, do Filho e do Espírito, caminha para a fraternidade universal. Neste movimento espiritual do encontro com o outro no caminho sinodal, é fundamental que estejamos, portanto, abertos a acolher as diversas culturas, isto é, que saibamos viver a interculturalidade em nossas comunidades de fé. A esse respeito, já em 2004 o Conselho Pontifício para a Cultura publicava um documento intitulado *Onde está o teu Deus?*, no qual se lê que "o contato humano bondoso e sincero, a oração, a atitude de acolhimento, a escuta, a abertura e o respeito, a relação de confiança, amizade, estima e outras virtudes, são a base sobre a qual é possível construir uma relação humana, uma pastoral em que cada um se sinta respeitado e acolhido porque é, embora não o saiba, uma criatura amada pessoalmente por Deus"[15].

Portanto, conceber a missão da comunidade cristã em chave sinodal consiste em assegurar a transmissão e o crescimento da fé em Cristo, no seio de cada cultura, em um processo de intercâmbio e diálogo com outros grupos humanos ou culturais diferentes. Este é o caminho necessário para resgatarmos o

---

15. CONSELHO PONTIFÍCIO PARA A CULTURA, *Onde está o teu Deus? A fé cristã diante do desafio da indiferença religiosa*, Documento final da Assembleia Plenária, 2004.

ardor apostólico das primeiras comunidades cristãs, sendo fiéis ao mandato de Cristo (cf. Mt 28,19-20) que nos envia ao encontro do outro. Assim, à medida que as nossas comunidades eclesiais, nossas casas religiosas e seminários se tornam cada vez mais interculturais, devem tornar-se promotores dessa nova realidade de fraternidade que o Evangelho propõe e que o Papa Francisco recorda ao mundo de hoje, com a encíclica *Fratelli Tutti*. Nela, Francisco recorda a frase de Jesus, que disse: "sois todos irmãos" (Mt 23,8), mostrando assim que o amor requer uma abertura sempre maior e uma progressiva capacidade de acolher os outros, em uma aventura sem fim que reúne todas as periferias geográficas, culturais e existenciais do mundo para um sentido pleno de pertença mútua. Somos, assim, convidados a viver a sinodalidade entre nós, que começa com a capacidade de nos encontrarmos e nos acolhermos mutuamente, como ressaltam as palavras da subsecretária geral do Sínodo, Irmã Nathalie Becquart:

> O discernimento deve fazer-se em um espaço de oração, meditação, reflexão e estudo, necessários para escutar a voz do Espírito; por meio de um diálogo sincero, sereno e objetivo com os irmãos e irmãs, atentos às experiências e aos problemas reais de cada comunidade e de cada situação; na troca de dons e na convergência de todas as energias para a edificação do Corpo de Cristo e o anúncio do Evangelho; no cadinho da purificação dos sentimentos e pensamentos que possibilita a compreensão da vontade do Senhor; na busca

da libertação evangélica de qualquer obstáculo que possa enfraquecer a abertura ao Espírito[16].

3. Encontrar-se com a criação (o mundo)

Além do encontro com o nosso Deus e Senhor e do encontro com os irmãos e irmãs que caminham conosco, o Sínodo sobre a Sinodalidade quer fomentar em nós o desejo de irmos também ao encontro das demais criaturas existentes no mundo, posto que elas são igualmente expressões da presença divina, através das quais o Espírito se comunica e revela a vontade do Criador. De fato, encontrar a Deus nas criaturas é perceber o mundo como criação, lugar onde podemos contemplar os traços de Deus. A criação se torna, assim, o lugar da busca de Deus por parte do ser humano e do seu encontro com Deus, que o conduz a seguir sua rota de peregrino, em atitude de respeito para com o Autor e para com toda a sua obra.

Com efeito, podemos afirmar, como faz Thomas Berry[17], que "estamos agora entrando em um novo período histórico", uma espécie de "era ecológica", na qual a vida humana se torna um elemento integrante e parte da natureza e onde a dimensão ecológica surge como o horizonte mais amplo no qual

---

16. BECQUART, N., *Reflexão bíblica de 27 de abril de 2022*, Secretaria Geral do Sínodo dos Bispos, Reunião plenária, 25-29 de abril de 2022.
17. Cf. BERRY, T., *The Sacred Universe: Earth, Spirituality, and Religion in the Twenty-first Century*, New York, Columbia University Press, 2009, 181 p.

encontram lugar todas as experiências e preocupações dos seres humanos, finalmente "cosmocentrados, com os pés no chão e suas raízes na vida". Esse novo momento que a humanidade vive, portanto, parte da visão ecológica para se chegar a uma nova visão cosmológica, permitindo-nos elaborar uma nova narração ou conceituação de uma "ecologia integral", como profeticamente fez o Papa Francisco ao escrever a encíclica *Laudato Si'*[18]. Eis o motivo pelo qual é importante saber realizar o encontro do ser humano com as demais criaturas que habitam conosco o nosso planeta – a nossa *casa comum* –, tendo presente que essa era ecológica é também uma nova era espiritual e religiosa para os cristãos, na qual as categorias de imanência e transcendência podem ser melhor compreendidas a partir de uma categoria que os teólogos chamam de *panenteísmo* (do grego: *pan*, tudo; *en*, em; *theós*, Deus), que etimologicamente significa que Deus está em tudo e tudo (está) em Deus. Deus Criador, portanto, está presente no cosmos, assim como o cosmos está presente

---

18. Não há dúvidas de que, se falamos hoje de "ecologia integral", em muito se deve ao incremento que esse tema ganhou sob o pontificado do Papa Francisco, sobretudo a partir da publicação da encíclica *Laudato Si'*, em 24 de maio de 2015, com o subtítulo: "Sobre o cuidado da casa comum". Basta dizer que a este termo "ecologia integral" é dedicado todo o capítulo IV da encíclica, no qual Francisco começa abordando o tema da ecologia ambiental, econômica e social (LS 138-142), mas também fala da ecologia cultural (LS 143-146) e da ecologia da vida cotidiana (LS 147-155), para em seguida tratar da relação existente entre ecologia e o princípio do bem comum e a opção preferencial pelos pobres (LS 156-158). Por fim, o Papa Francisco faz um apelo por um compromisso efetivo para com as futuras gerações (LS 159-162).

em Deus. E é dessa forma que podemos afirmar que a criação e seus processos estão de algum modo *em* Deus, sem que tenham de ser confundidos *com* Deus, que é sempre mais e maior do que as suas criaturas.

Com efeito, o Sínodo sobre a Amazônia, realizado em Roma em outubro de 2019, retomou o tema da ecologia integral proposto pela *Laudato Si'*, tornando-o um projeto de referência e um horizonte que nos convida a passar de uma "cultura de descarte" a uma "cultura do cuidado", pois o que acontece no bioma amazônico não é estranho ao que acontece no resto do planeta, uma vez que "tudo está conectado" e interrelacionado. Os padres sinodais apontaram um caminho de conversão para uma autêntica ecologia integral a partir de quatro aspectos: 1. o cuidado do bioma e de sua biodiversidade; 2. o cuidado do conhecimento ancestral dos povos originários; 3. a transição para uma economia verde; 4. os processos de educação ecológica e espiritualidade no contexto da Amazônia. Eis por que podemos afirmar que a realização do Sínodo amazônico e todas as reflexões nele realizadas nos ajudam a perceber a importância de aprendermos continuamente como lidar com o ambiente à nossa volta, com a sua rica biodiversidade e suas leis próprias, as quais devemos respeitar e preservar, como nos ensinam a fazer as milenares sabedorias e cosmovisões dos povos originários e ancestrais da Amazônia.

CAPÍTULO II

SEGUNDO PASSO: ESCUTAR

Todos os encontros dos quais acima falamos só darão os frutos almejados se forem vividos como verdadeiros momentos de escuta do que Deus, por meio do Espírito Santo, quer falar à Igreja e a todo o seu povo. Escutar, portanto, é uma exigência do percurso e da espiritualidade sinodal, sendo o segundo verbo escolhido por Francisco para nos explicar do que trata o Sínodo sobre a Sinodalidade. Tal escuta, contudo, há de ser feita sob a presença e guia do Espírito, posto que, como afirma o Papa, "o Espírito Santo é Aquele que nos guia para onde Deus quer, e não para onde nos levariam as nossas ideias e gostos pessoais"[1]. De fato, na homilia que pronunciou durante a missa de abertura oficial do Sínodo, o Papa não recordou apenas a importância do encontro no percurso sinodal ao qual convocou toda a Igreja a participar, mas destacou igualmente a importância da escuta, uma vez que "um verdadeiro encontro só pode nascer da escuta"[2]. Mas o que significa escutar do ponto de vista da nossa espiritualidade?

Nos dicionários etimológicos encontramos como resposta que "escutar" vem do latim *auscultare*, indicando uma atitude

---

1. FRANCISCO, *Discurso de abertura do Sínodo*...
2. Idem, *Homilia na celebração da Eucaristia para a abertura do Sínodo*...

de prestar atenção e de acolhida favorável da palavra proferida. Por outro lado, também poderíamos nos perguntar *como* devemos escutar? E uma primeira e natural resposta poderia ser: fazendo silêncio. Nesse sentido, escutar significa não fazer nada, apenas ouvir a voz do outro, escutando no silêncio de si uma palavra que vem de fora. Trata-se de um silêncio que não é estéril, mas traz consigo frutos e implicações pessoais para quem escuta. Escutar é também avançar na direção do outro, que nos chama e nos quer encontrar. Para que isso aconteça de modo eficaz, é preciso que saibamos escutar não apenas com os ouvidos, mas também com o coração, afirma o Papa Francisco: "quando ouvimos com o coração, o outro se sente acolhido, não julgado, livre para contar a sua vivência e o próprio caminho espiritual"[3]. Desse modo, a escuta envolve todo o nosso ser no caminho em direção ao outro, indo além dos meios que podemos empregar para isso. Pessoalmente e como membros de um único corpo, somos chamados a refletir sobre a seguinte questão: Como fazer para que as nossas comunidades, especialmente neste tempo de caminho sinodal, sejam cada vez mais lugares de escuta do coração? Naturalmente, isso supõe da nossa parte viver uma relação aberta e profunda consigo mesmo e com a nossa própria experiência interior e exterior, que nos permite encontrar uma abertura aos outros e uma aceitação dos outros[4]. Escutar

---

3. Cf. Ibidem.
4. Cf. BORDES, F., "L'écoute: dimensions psychologique et spirituelle", in *Christus*, n. 153 HS, 171-172.

é, em última análise, buscar juntos uma verdade que perpassa um e outro, que não é monopólio de ninguém.

Uma Igreja sinodal deve ser, portanto, uma Igreja da escuta do coração, sendo este um dos passos espirituais principais que todos nós devemos dar em nosso processo pessoal e comunitário de conversão para a sinodalidade. Porém a quais escutas estamos nos referindo? Aqui, novamente, podemos distinguir alguns tipos de vozes do Espírito Santo, que continuamente nos fala de diferentes modos e ocasiões, mas sobretudo a partir da voz da Palavra de Deus, da voz dos nossos irmãos e irmãs, da voz da realidade do mundo e dos acontecimentos históricos que nos afetam e, finalmente, da voz da nossa consciência ou coração. Vejamos como a nossa espiritualidade nos ajuda a compreendermos cada uma dessas escutas.

1. A escuta da Palavra de Deus

No encontro relacional entre Deus e nós, seus filhos e filhas, o Senhor nos pede antes de tudo que escutemos e acolhamos confiantes a sua Palavra, sendo esta a primeira resposta que devemos dar com todo o nosso ser a Deus que nos fala, acolhendo a sua mensagem e aceitando-a como princípio e norma da nossa existência[5]. A vivência deste momento de caminho sinodal deve, assim, significar para nós e nossas comunidades

---

5. Cf. MARTINI, C. M., *Effatà – Apriti!*, n. 734.

uma renovação do nosso desejo de escutar e conhecer sempre mais a sua Palavra.

Com efeito, se olharmos com atenção para a espiritualidade vivida pelo homem bíblico do Antigo Testamento, veremos que a escuta é um elemento estrutural que caracteriza a sua relação com Iahweh. Essa atitude de constante escuta da voz de Deus se dava pelo fato de que, na experiência de todo o povo da aliança, Deus tinha sempre um projeto para a vida do seu povo e para toda a humanidade, manifestando-o e propondo-o continuamente, por meio de vários modos e chamados, individual ou comunitariamente. De fato, é marcante na espiritualidade veterotestamentária o trecho bíblico: "Escuta, Israel: Javé, nosso Deus..." (cf. Dt 6,4-8). Esse conhecidíssimo *Shemá Israel*, ainda hoje recitado diariamente nos lares judaicos, nos mostra um povo que inicialmente escuta e depois busca pôr em prática o que foi escutado. Trata-se de uma escuta contínua, memorizada e passada de geração em geração, para que os mais jovens possam também escutar o que o Senhor lhes quer falar[6]. Escutar a Palavra de Deus era, portanto, central na vida espiritual do povo eleito de Israel, como deve ser também hoje para nós, Povo de Deus em caminho sinodal.

Da mesma forma, encontramos no Novo Testamento o mesmo destaque à escuta da Palavra (Verbo encarnado), como vemos em Lucas 10,39: "...sentou-se aos pés do Senhor e

---

6. Cf. CIPRIANI, S., "Alcune linee di spiritualità biblica", in GIOIA, M. (ed.), *La teologia spirituale*, Roma, 1991, 91-92.

escutava a sua palavra". A esse respeito, comenta o cardeal Carlo Maria Martini[7] que sentar-se aos pés de alguém é o comportamento do discípulo em respeito ao mestre, o que mostra claramente a condição de Maria (irmã de Marta) como discípula, embora nos Evangelhos somente os apóstolos sejam nomeados como tais. Aqui vemos uma mulher como discípula que escuta a palavra de seu mestre. Isso nos recorda as palavras do próprio Jesus: "Mais felizes são os que ouvem a palavra de Deus e a praticam" (Lc 11,28). Ou seja, Maria vive a bem-aventurança evangélica, a bem-aventurança da escuta da Palavra. Essa é, afirma Martini, a imagem perfeita do discípulo, da humanidade em escuta da Palavra de Deus. E essa imagem nos remete à figura daquela que foi a perfeita escutadora, a outra Maria, a mãe de Jesus, que diz: "Seja-me feito segundo a tua palavra" (Lc 1,38). As duas Marias são, portanto, "modelos da escuta do discípulo que interioriza a Palavra, que sabe acolhê-la, o modelo da contemplação, a imagem da Igreja que escuta pondo como prioridade a palavra de Deus, a escuta do Senhor"[8].

A propósito da contribuição fundamental das mulheres na vivência de uma espiritualidade sinodal, o sínodo pan-amazônico recordou que as mulheres são aquelas que trabalham em múltiplas facetas, na instrução dos filhos, na transmissão da fé e do Evangelho; são testemunhas e presença responsável na promoção humana e, por isso, se pede que a voz das mulheres seja

---

7. Cf. MARTINI, C. M., *Parole per l'anima*, Milano, 2017, 16-17.
8. Idem, 17.

ouvida, que elas sejam consultadas e participem das decisões e, assim, possam contribuir com sua sensibilidade à sinodalidade eclesial[9].

Quanto à centralidade da Palavra de Deus neste percurso, felizmente, hoje em muitas de nossas comunidades paroquiais e movimentos eclesiais há essa busca pela escuta da Palavra. Contudo, o caminho sinodal que estamos a percorrer pode ser uma oportunidade para avaliarmos como podemos avançar mais no aprendizado da escuta dessa Palavra, sabendo que "a escuta da Palavra é encontro pessoal com o Senhor da vida, um encontro que deve traduzir-se em escolhas concretas e tornar-se caminho e seguimento"[10], segundo o ensinamento de Bento XVI. A escuta da Palavra de Deus não pode se reduzir, portanto, a um mero exercício exterior, mas deve chegar a ser um movimento interior, um verdadeiro exercício espiritual. Quando me proponho a escutar a Palavra, meditando ou contemplando intensamente um trecho dos evangelhos, por exemplo, o que se passa interiormente comigo é algo central, que atinge não só o meu intelecto, mas chega ao meu coração.

Por outro lado, recordando mais uma vez a sabedoria do Papa Bento XVI[11], é importante recordar que "o lugar privilegiado da leitura e da escuta da Palavra de Deus é a liturgia, na qual,

---

9. Assembleia Especial do Sínodo dos Bispos para a Região Pan-Amazônica, *Amazônia: Novos caminhos para a Igreja e para uma ecologia integral, Documento Final*, n. 101.
10. Bento XVI, *Salmo 119 (118)*, Audiência Geral, 9 de novembro de 2011.
11. Idem, *São Jerônimo*, Audiência Geral, 7 de novembro de 2007.

celebrando a Palavra e tornando presente no Sacramento o Corpo de Cristo, atualizamos a Palavra na nossa vida e tornamo-la presente entre nós". Essa Palavra, recorda Bento XVI, transcende os tempos, diferente das opiniões humanas, que vão e voltam: "O que hoje é muito moderno, amanhã será velho. A Palavra de Deus, ao contrário, é Palavra de vida eterna, tem em si a eternidade, ou seja, é válida para sempre". Por tudo isso, vemos o quanto é necessária a escuta da Palavra na vida espiritual de cada cristão e da comunidade como um todo, enquanto autêntica expressão da nossa relação e aliança com Deus. Não à toa, o Concílio Vaticano II resgatou a prioridade da Palavra de Deus, recolocando-a no centro de todo projeto e esforço de renovação da própria Igreja. Da mesma forma, o caminho sinodal que estamos percorrendo é um convite a renovarmos em nossa espiritualidade pessoal e comunitária o encontro e a escuta da Palavra de Deus, pela qual o Senhor continuamente renova a sua mensagem de salvação, redenção e libertação.

A esse respeito, não podemos deixar de mencionar o exemplo que Maria, a Mãe de Jesus, nos deixou como fiel escutadora da Palavra de seu Filho, como nos recordaram os bispos latino-americanos e caribenhos reunidos em Aparecida, naquela memorável assembleia:

> Ela, que "conservava todas estas recordações e as meditava no coração" (Lc 2,19; cf. 2,51), ensina-nos o primado da escuta da Palavra na vida do discípulo e missionário. O Magnificat "está inteiramente tecido pelos fios da Sagrada Escritura, os

fios tomados da Palavra de Deus. Assim, revela-se que nela a Palavra de Deus se encontra de verdade em sua casa, de onde sai e entra com naturalidade. Ela fala e pensa com a Palavra de Deus; a Palavra de Deus se faz a sua palavra e sua palavra nasce da Palavra de Deus. Além disso, assim se revela que seus pensamentos estão em sintonia com os pensamentos de Deus, que seu querer é um querer junto com Deus"[12].

2. A escuta do outro

Não só por meio da Sagrada Escritura nos fala o Espírito Santo. Diz o Papa Francisco que "fazer Sínodo é colocar-se no mesmo caminho do Verbo feito homem: é seguir as suas pisadas, escutando a sua Palavra juntamente com as palavras dos outros"[13]. É preciso, portanto, ser capaz de escutar a voz dos outros que caminham conosco. Com efeito, na Igreja de ontem e de hoje, o mesmo Espírito fala por meio de diversas vozes, ao mesmo tempo pelos audaciosos e pelos prudentes, pelos sonhadores e pelos realistas, pelo que se passa no interior do coração de cada um, na consciência pessoal de pessoas tão diferentes, como também em experiências tão diversas, pela confrontação de pontos de vistas diferentes. Tornar-se atento a tudo isso, como

---

12. V Conferência Geral do Episcopado Latino-americano e do Caribe, Documento final, Aparecida, 13-31 de maio de 2007, n. 271.
13. Francisco, *Homilia na celebração da Eucaristia para a abertura do Sínodo...*

também ao que se passa em nós mesmos, é abrir-se ao que leva a Igreja a viver na verdade, tirando proveito e frutos desse movimento para a sua missão[14]. E, como ensina Martini, "o fato de experimentar o quanto a humanidade concreta é amada por Deus, que levamos dentro de nós, oferece-nos razões peremptórias, exemplos estimulantes, energias inesgotáveis na escuta, no acolhimento, na ajuda à humanidade que está presente em cada pessoa"[15].

Portanto, se queremos verdadeiramente transformar a Igreja e os nossos corações em um lugar de escuta do que Deus tem a nos falar, temos de nos abrir ao outro, que com a sua presença sempre nos interpela e pelo qual Deus também nos fala. De fato, escutar é avançar na direção do outro, que nos chama e nos quer encontrar e falar. Isso supõe da nossa parte viver uma relação de abertura aos outros e de aceitação dos outros. "Escutar é buscar juntos uma verdade que perpassa um e outro, que não é monopólio de ninguém. A escuta do outro vai mais além dos meios que podemos empregar para isso, mas envolve todo o ser no caminho em direção ao outro."[16] Em sua homilia, na missa de abertura do percurso sinodal, o Papa Francisco com muita simplicidade e profundidade recordava que "Jesus não caminhava com pressa, não olhava para o relógio para terminar mais cedo o encontro. Ele estava sempre a serviço da pessoa que encontrava,

---

14. Cf. O'NEILL, É., S'écouter en Église, in *Christus*, n 198 HS, 2003, 75.
15. MARTINI, C. M., *Farsi prossimo*, 267.
16 BORDES, F., "L'écoute: dimensions psychologique et spirituelle", in *Christus*, n. 153 HS, 171-172 [tradução nossa].

para escutá-la". E também o cardeal Martini, quando arcebispo de Milão, mostrava a importância da capacidade dos pastores de abrir mão de dar respostas fáceis aos problemas das suas ovelhas. Deviam, ao contrário, nutrir uma vontade sincera de acolhê-las no próprio coração, segundo a lógica da compaixão, como fez Jesus ao aproximar-se dos discípulos de Emaús, para escutá-los e caminhar com eles. Refletindo sobre esse encontro, Martini imagina as palavras ditas pelos dois discípulos a Jesus: "Não nos abandonaste a nós mesmos e ao nosso desespero [...]. Caminhaste conosco, como um amigo paciente"[17]. Escutar o outro é, portanto, uma característica central para se viver bem a espiritualidade da sinodalidade.

No mundo de hoje, conseguir parar para poder escutar o outro é o paradigma de uma atitude de acolhimento, que mostra a nossa capacidade de relação, de superar o narcisismo e acolher o outro, prestando atenção ao que ele está dizendo, dando-lhe atenção e espaço[18]. Isso significa ser contracultural em uma sociedade e mundo onde muitas vezes nos tornamos surdos e incapazes de escutar o que o outro está a nos dizer, devido à velocidade e ao frenesi do mundo moderno. Ao contrário, o caminho sinodal nos convida a abrir o nosso coração para acolher o que o outro nos tem a dizer. Entretanto, como lembra o Papa Francisco, isso requer da nossa parte o dom da humildade

---

17. MARTINI, C. M., "Partenza da Emmaus", 198.
18. Cf. FRANCISCO, *Carta Encíclica Fratelli Tutti*, 3 de outubro de 2020, n. 48.

que comentávamos acima e que está na base de todo o viver cristão: "A humildade é a grande condição da fé, da vida espiritual, da santidade"[19]. De fato, a humildade é essencial para que a escuta e o diálogo com o outro possam acontecer, ajudando-nos a superar duas tentações, que já São Paulo admoestava os primeiros cristãos a evitar: o espírito de partido e o espírito da vanglória[20]. A atitude que é preciso ter para não cair nessas tentações é, precisamente, a humildade, que nos leva a considerar os outros mais importantes que a nós mesmo e a colocar em primeiro lugar o bem e o interesse comum.

Por outro lado, a escuta pressupõe um encontro na liberdade, pois ela exige, além da humildade, o dom da empatia e da paciência, bem como a disponibilidade de compreender o outro dentro de um esforço renovado, como forma de elaborar, de maneira sempre nova, as possíveis respostas a partir de um verdadeiro exercício da escuta. Essa, por sua vez, transforma o coração daqueles que a vivem, principalmente quando se colocam em atitude interior de sintonia e docilidade ao Espírito, que nos fala por meio do diálogo com os nossos irmãos e irmãs. Numa palavra, "a escuta torna possível um intercâmbio de dons, num contexto de empatia", sendo parte integrante da missão da Igreja "assumir uma fisionomia relacional, que coloque no centro a escuta, a hospitalidade, o diálogo e o discernimento comum,

---

19. FRANCISCO, *Discurso à cúria romana para as felicitações de Natal*...
20. Cf. COMISSÃO TEOLÓGICA INTERNACIONAL, *A sinodalidade na vida e na missão da Igreja*, Cidade do Vaticano, 2018, n. 112.

num percurso que transforme a vida de quem nele participa"[21], como se afirmou no Sínodo dos Jovens.

Se assim o fizermos, estaremos transformando – convertendo – os nossos corações em um tipo de relacionamento verdadeiramente amoroso e evangélico com os outros, que nos leva a desejar escutar e a cuidar dos outros, uma vez que "a única maneira de quebrar esse círculo formado pela ganância de nossos egos é deixar de cuidar de nós mesmos e começar a cuidar dos outros. [...] Trata-se de colocar os outros diante de nós, em vez de nós mesmos. É uma questão de responder às necessidades dos outros sem propor a satisfação de nossas próprias necessidades"[22].

Por outro lado, viver a escuta do outro como Igreja e na Igreja, no interior das múltiplas instâncias e em grupos de todo gênero que a compõem é reencontrar a comunhão que a funda, receber a capacidade de perceber a obra do Espírito nessas múltiplas e diversas vozes, espaços, encontros e atividades, vivendo assim a sua missão de modo integral. Esse caminhar juntos, escutando-se reciprocamente, cria sinodalidade, como uma dimensão constitutiva da Igreja cuja expressão máxima no nível da Igreja universal se dá no *consensus fidelium*, ou seja, chegarmos a um consenso de toda a comunidade, junto com a colegialidade episcopal e o primado do Bispo de Roma[23]. Como nos recorda o Papa, "o Sínodo procura ser a experiência de nos

---

21. SÍNODO DOS BISPOS, *Documento Final da XV Assembleia Geral Ordinária: Os Jovens...*
22. POWELL, J., *Por que tenho medo de amar*, São Paulo, Crescer, 2005, 81.
23. Cf. COMISSÃO TEOLÓGICA INTERNACIONAL, *A sinodalidade...*, n. 94.

sentirmos, todos, membros de um conjunto maior – o Santo Povo fiel de Deus – e, por conseguinte, discípulos que escutam e, precisamente em virtude dessa escuta, podem também compreender a vontade de Deus, que sempre se manifesta de maneira imprevisível"[24].

É com essa abertura criativa à voz do Espírito que a Igreja é chamada a ativar a escuta de todos aqueles e aquelas que juntos formam o Povo de Deus, para convergir no discernimento da verdade e no caminho da missão. E, ao mesmo tempo, isto tudo é também o melhor modo de se preparar para escutar o que gostariam de dizer também os que se sentem fora ou distantes dos muros eclesiais. Afinal, "qual Igreja poderá formar pessoas e comunidades, senão aquela que conhece a espera, a angústia, o tormento, a exultação e a paz do apóstolo"?[25] Como se afirmou no sínodo pan-amazônico, há muitas formas de exercer a sinodalidade que devem ser descentralizadas para os vários níveis (diocesano, regional, nacional, universal), respeitosas e atentas aos processos locais, sem fragilizar o vínculo com as demais igrejas irmãs e com a Igreja universal. Devemos buscar uma sincronia entre comunhão e participação, entre corresponsabilidade e ministerialidade de todos, prestando particular atenção à participação efetiva dos leigos no discernimento e no processo de tomada de decisão, fortalecendo cada vez mais a participação das mulheres.

---

24. FRANCISCO, *Discurso à Cúria romana para as felicitações de Natal...*
25. MARTINI, C. M., *Dio educa il suo popolo*, n. 442.

Finalmente, não podemos deixar de mencionar a importância de que, nesse exercício da escuta do outro, a que o processo sinodal nos impulsiona, nos tornemos mais sensíveis e atentos à voz dos nossos irmãos e irmãs mais frágeis e vulneráveis da nossa sociedade, como são, nas palavras de Francisco[26], os refugiados, aqueles que sofreram radiação causadas por bombas nucleares ou ataques químicos, as mulheres que perderam seus filhos, as crianças mutiladas ou privadas da sua infância e tantas outras vítimas das inúmeras guerras que vemos acontecer em tantas partes do mundo. É preciso, afirma Francisco, considerar a verdade dessas vítimas de violência, olhar a realidade com seus olhos e escutar as suas histórias com o coração aberto. Sobre a importância de saber escutar os pequenos e olhando particularmente a situação dos povos amazônicos, o Papa partilha: "Sonho com uma Amazônia que luta pelos direitos da maioria das pessoas pobres, dos povos originários, dos menores, onde sua voz seja escutada e sua dignidade promovida"[27].

Além disso, durante o Sínodo das Famílias, Francisco insistiu que é preciso abrir-se à possibilidade de sermos completados pelos outros, por sua competência, sensibilidade e experiência. Por isso, é importante saber escutar a voz dos que conosco convivem, deixando que em nossas relações com os nossos semelhantes aprendamos a:

---

26. Cf. FRANCISCO, *Carta Encíclica Fratelli Tutti*, 3 de outubro de 2020, n. 261.
27. Idem, *Exortação Apostólica Pós-Sinodal Querida Amazônia*, 2 de fevereiro de 2020, n. 7.

Desenvolver o hábito de dar real importância ao outro. Trata-se de dar valor à sua pessoa, reconhecer que tem direito de existir, pensar de maneira autônoma e ser feliz. É preciso nunca subestimar aquilo que diz ou reivindica, ainda que seja necessário exprimir o meu ponto de vista. A tudo isto subjaz a convicção de que todos têm algo para dar, pois têm outra experiência da vida, olham doutro ponto de vista, desenvolveram outras preocupações e possuem outras capacidades e intuições. É possível reconhecer a verdade do outro, a importância das suas preocupações mais profundas e a motivação de fundo do que diz, inclusive das palavras agressivas. Para isso, é preciso colocar-se no seu lugar e interpretar a profundidade do seu coração, individuar o que o apaixona, e tomar essa paixão como ponto de partida para aprofundar o diálogo[28].

3. A escuta da criação e da realidade

Um terceiro aspecto importante deste movimento de escuta que o processo sinodal nos deve levar a vivenciar melhor em nossas comunidades e na nossa própria vida pessoal é o de sabermos escutar e perscrutar o que Deus nos fala por meio dos acontecimentos históricos e da realidade que afeta a nossa existência, como por exemplo a situação ambiental do nosso planeta. De fato,

---

28. FRANCISCO, *Exortação Apostólica Pós-Sinodal Amoris Laetitia*, 16 de março de 2016, n. 138.

assim como se preocupa que a voz dos pobres seja escutada, o Papa Francisco igualmente destaca a importância de que sejam escutados os clamores e os gritos da Terra[29]. Nessa mesma direção vai o ensinamento de Dom Pedro Casaldáliga[30], que deu sua vida pelos povos mais pobres da Amazônia, o qual dizia que "ninguém ouve o Deus e Pai de Jesus se não escutar simultaneamente o clamor de seus pobres, o gemido de sua criação", acrescentando que "não contemplamos paragens celestiais, mas procuramos escutar o grito de Deus no grito da realidade". Mais que um discurso e uma postura político-ideológica, trata-se de uma consequência natural de quem se deixou converter pelo olhar trinitário do Deus Criador amoroso, que quer ver todas as suas criaturas com vida em plenitude, conclamando para isso a todos os seguidores de seu Filho a cuidarem bem de tudo o que ele criou e sendo capazes de escutar os seus clamores, pois que Deus Pai, que criou todos os seres do universo com amor infinito, nos chama para sermos seus instrumentos para ouvir os clamores das suas criaturas[31].

Com efeito, no caminho sinodal o exercício da escuta de o que o Espírito Santo está nos falando por meio dos sinais dos tempos e o que acontece com a vida humana e a dos demais seres vivos se caracteriza como um processo comunitário de contemplar a realidade a partir de sua complexidade e multiculturalidade.

---

29. Cf. Idem, n. 8 e 52.
30. CASALDÁLIGA, P.; VIGIL, J.-M., *Espiritualidade da Libertação...*, 17 e 143.
31. Cf. FRANCISCO, *Exortação Apostólica Pós-Sinodal Querida Amazônia...*, 57.

De fato, o Concílio Vaticano II levou a Igreja a dar mais atenção às novas características de nossa cultura e civilização na história da humanidade, iniciando um novo modo de abordar o problema religioso em nossa época; levou-a também a se conscientizar sobre o real sentido da expressão "sinais dos tempos", que tem amplitude e matizes até então pouco reconhecidos, tornando comum o seu uso tanto na literatura teológica e espiritual como também nos documentos pontifícios. O Papa Paulo VI, na sua encíclica *Populorum progressio* (n. 13), por exemplo, citando o n. 4 da constituição conciliar *Gaudium et spes*, reafirmou que "é dever permanente da Igreja perscrutar a fundo os 'sinais dos tempos' e interpretá-los à luz do Evangelho". Fiel seguidor do Concílio, dizia o cardeal Martini que "este discernimento espiritual dos fenômenos da época atual é uma tarefa que a caridade, que é o coração da visão cristã do ser humano, deve realizar para o verdadeiro bem da humanidade"[32].

É necessário, portanto, discernir e perceber no nosso mundo os sinais de morte e destruição a fim de denunciá-los, mas da mesma forma é necessário sermos capazes de identificar, cheios de esperança, a beleza dos sinais do Reino de Deus, que nos levam a novos caminhos para a escuta e o discernimento. Dessa forma, o caminho sinodal se torna um espaço significativo de encontro e abertura para a transformação das estruturas eclesiais e sociais, possibilitando a renovação do impulso missionário e a proximidade sempre mais evangélica com os mais pobres

---

32. MARTINI, C. M., *Farsi prossimo*, n. 334.

e excluídos. Esta Igreja que escuta, que está interessada no que está acontecendo no mundo, na vida de homens e mulheres de cada momento histórico, dá assim um testemunho de fidelidade ao que o Espírito Santo soprou durante o Concílio. Caminhando nessa direção, a Igreja latino-americana e caribenha reafirmou em sua assembleia eclesial de 2007 ver com esperança esses frutos do Espírito na vida de mulheres e homens que decidiram assumir esse projeto de viver contra a maré da sociedade hodierna, testemunhando assim a boa-nova do Evangelho. Isso supõe da nossa parte uma abertura e desejo de conversão pastoral permanente, "que implica escutar com atenção e discernir 'o que o Espírito está dizendo às Igrejas' (Ap 2,29) por meio dos sinais dos tempos nos quais Deus se manifesta"[33]. Como insiste o Papa Francisco, o anúncio da boa-nova de Jesus deve vir sempre acompanhado da escuta e do diálogo com as pessoas, realidades e histórias dos territórios onde chega a evangelização, possibilitando à Igreja reconfigurar a sua própria identidade em cada cultura e região onde semeia o Reino[34].

Um exemplo inspirador deste exercício da escuta da voz do Espírito, que fala por meio dos acontecimentos que afetam o nosso mundo e também a Igreja, se deu durante a realização do Sínodo Especial sobre a Amazônia, já por nós citado. Boa parte da sua preparação e dos trabalhos da assembleia foram em vista

---

33. V CONFERÊNCIA GERAL DO EPISCOPADO LATINO-AMERICANO E DO CARIBE, Documento final, Aparecida, 13-31 de maio de 2007, n. 366.
34. Cf. FRANCISCO, *Exortação Apostólica Pós-Sinodal Querida Amazônia...*, 56.

de o Sínodo se deixar interpelar pela realidade social e eclesial atual, o que permitiu perceber que Deus nos faz hoje um grande chamado à conversão em relação à região amazônica, em diversas dimensões, como lemos no Documento Final do sínodo. Nele foram reunidas 120 propostas conclusivas provenientes das três intensas semanas de escuta e discernimento, antes de serem entregues ao Papa. De fato, podemos dizer que a palavra central que percorre todo o documento é a palavra "conversão", desenvolvida em cinco aspectos[35]:

1. Uma *conversão integral*, diante da necessidade de conter os ciclos de destruição e morte que atingiram a beleza da criação divina presente na região Pan-Amazônica, com sua enorme diversidade de biomas, culturas e povos, todos ameaçados pelas mãos dos seres humanos. Trata-se de uma conversão pessoal e comunitária que nos leve a relacionarmo-nos harmoniosamente com a obra criadora de Deus, que é a nossa casa comum; uma conversão que promova a criação de estruturas em harmonia com o cuidado da criação; mas também uma conversão pastoral baseada na sinodalidade, que reconheça a interação de tudo o que é criado, levando-nos a ser uma Igreja em saída que chega ao coração de todos os povos amazônicos;

2. Uma *conversão pastoral*, com o chamado a sermos uma Igreja misericordiosa e samaritana, solidária "no diálogo,

---

35. Cf. SANTOS, A. A., *Amazônia, um lugar teológico. Comentário teológico-espiritual do Documento Final e da Exortação Apostólica "Querida Amazônia"*, São Paulo, Loyola, 2020, 28-29.

acompanhando pessoas com rostos concretos de indígenas, camponeses, afrodescendentes e migrantes, jovens, moradores da cidade", mediante uma prática missionária e itinerante, tanto em áreas urbanas como rurais;

3. Uma *conversão cultural*, reconhecendo a pluralidade cultural da região, em uma visão que inclua a todos, usando expressões que permitam identificar e vincular todos os grupos e reflitam identidades reconhecidas, respeitadas e promovidas tanto na Igreja como na sociedade, porque só assim será possível pensar a emergência de comunidades eclesiais com rostos verdadeiramente amazônicos, "enraizados nas culturas e tradições dos povos, unidos na mesma fé em Cristo e nas diversas formas de vivê-la, expressá-la e celebrá-la";

4. Uma *conversão sinodal*, em busca de novos caminhos eclesiais para que haja mais comunhão e participação, "especialmente no ministério e na sacramentalidade da Igreja na Amazônia". Este processo de conversão a uma maior sinodalidade deve atingir a vida consagrada, os leigos e, entre eles, especialmente as mulheres, pois são elas as protagonistas dessa conversão, com sua presença imponente e vanguardista em muitas comunidades da Amazônia. O documento final recorda que uma Igreja com rosto amazônico precisa que suas comunidades sejam imbuídas de um espírito sinodal, sustentadas por estruturas organizacionais de acordo com essa dinâmica, como autênticos corpos de "comunhão".

Para se chegar a essas conclusões e a esses apelos concretos para diversos níveis de conversão, os padres sinodais tiveram de saber escutar diferentes vozes e interpretar o que Deus nos comunica nos eventos históricos em que o seu Espírito continuamente nos fala. Isso lhes permitiu perceber que, para caminhar juntos, a Igreja precisa hoje de uma conversão à experiência sinodal. Urge caminhar, propor e assumir as responsabilidades para superar o clericalismo e as imposições arbitrárias. A sinodalidade é uma dimensão constitutiva da Igreja. Não se pode ser Igreja sem reconhecer um efetivo exercício do *sensus fidei* de todo o Povo de Deus[36].

4. A escuta do próprio coração

O movimento de escuta da Palavra de Deus, dos meus irmãos e da realidade histórica me ajuda a descobrir o que o Senhor está dizendo a mim, concretamente, sendo importante para isso escutar o que se passa no meu interior durante a oração, isto é, as *moções espirituais*, como ensina Santo Inácio. Eis a razão pela qual o exercício da escuta não pode permanecer na esfera da inteligência apenas, mas se trata antes de um conhecimento pelo coração, um conhecimento no qual todo o ser da pessoa é envolvido[37].

---

36. ASSEMBLEIA ESPECIAL DO SÍNODO DOS BISPOS PARA A REGIÃO PAN-AMA-ZÔNICA, *Amazónia: Novos caminhos para a Igreja e para uma ecologia integral, Documento Final*, n. 88.
37. Cf. ROTSAERT, M., "L'écoute dans les Exercices spirituels", in *Christus*, n. 198 HS, 2003, 55-62.

Na teologia mística e afetiva dos Padres da Igreja, o centro do cosmos e da história é o coração do homem. Por isso, para São Basílio, é fundamental saber escutar e prestar atenção a si mesmo, porque é esse conhecimento que leva ao conhecimento da sabedoria divina[38]. Da mesma forma, Santo Agostinho[39] nos fala de um itinerário de interioridade transcendente, no qual diz: "Entra dentro de ti mesmo, porque no homem interior está a verdade". Nesse processo de interioridade se dá o encontro com Aquele que é a Verdade, o Mestre interior, Cristo, "que habita no homem". É por isso que esse processo de introspecção agostiniana não é sinônimo de autofechamento, mas sim de disposição da pessoa para passar do exterior ao interior, apontando para outro movimento de superação, desta vez voltado para Deus. É um retorno ao coração, necessário para escutar a si mesmo e a Deus, pois é no coração que o homem pode ver, ouvir e contemplar Aquele que o criou. Longe de ficar fechado dentro de si, em uma forma de personalismo estéril, essa escuta de si mesmo nos leva a autotranscender-nos, não só em referência a Deus, mas também em direção aos outros.

Da mesma forma, ao tratar do ideal da vida humana, a espiritualidade inaciana valoriza a importância do autoconhecimento e da inteligência do coração, que atua com a luz do amor e que sempre costura uma unidade entre sabedoria e vida

---

38. Cf. SPIDLÍK, T., *Ignazio di Loyola e la spiritualità orientale. Guida alla lettura degli Esercizi*, Roma, Studium, 1994, 23-24.
39. Cf. SANTO AGOSTINHO, *De vera religione*, 4 vol., 39, 72; *De magistro*, 3 vol., 11, 38.

espiritual, entre o sentido do coração e o de sabedoria que favorece, preserva e realiza a verdadeira unidade de vida do ser humano, à qual damos o nome de "consciência", aquela voz vigilante que se faz ouvir cada vez que vivemos algo que diz respeito a essas realidades e que nos orientam em direção ao maior serviço e à maior glória de Deus. Os Exercícios Espirituais, com destaque para o exame cotidiano de consciência ou do coração, são ferramentas muito eficazes que podemos usar para obter o autoconhecimento, que é necessário para crescermos na maturidade humana e espiritual. Quando não escutamos o que nos fala a nossa vida interior por meio dos nossos sentimentos, ignorando a nossa humanidade para chegar diretamente à contemplação das coisas divinas, geralmente tomamos decisões precipitadas e imprudentes, frutos muito mais das nossas imperfeições, apegos a nossos próprios julgamento, orgulho e amor-próprio, que da vontade de Deus. Por isso, ensina Inácio, é fundamental sabermos escutar o nosso coração, termo que na espiritualidade inaciana está muito ligado ao sentir, aparecendo quinze vezes mencionado no livro dos *Exercícios Espirituais*, para indicar aquele sentir interno que, bem discernido, nos leva ao conhecimento místico[40].

De fato, teólogos como Karl Rahner vão insistir que não há outra palavra que melhor exprima a vida interior que a palavra *coração*, porque "o homem apreende seu centro original como

---

40. Cf. MELLONI, I., *La mistagogía de los ejercicios*, Bilbao-Santander, Mensajero-Sal Terrae, 2001, 93-94.

unidade e totalidade quando compreende verdadeiramente o que significa a palavra coração"[41]. E, como já tivemos oportunidade de comentar, a propósito da relação consciência e coração, não deveríamos nos surpreender com essa proximidade semântica, uma vez que ambos os termos nos remetem a algo que "está dentro de nós, que é inalienável, preciosíssimo, do qual não renunciaremos por nenhum bem do mundo"[42]. Por isso que, ao tratar dos fundamentos teológicos do exame de consciência em Santo Inácio, este exercício pode ser definido como a prática de examinar-se no coração com sabedoria[43]. À medida que aprendemos a escutar o nosso mundo interior e a recolher as experiências desse encontro com a voz do nosso coração, conhecemos também a verdade sobre nós mesmos. Verdade que nos liberta de nossos afetos desordenados, de nossos apegos e egoísmos, deixando-nos abertos ao diálogo e à acolhida dos que caminham conosco, em suas diferenças e particularidades, que só nos enriquecem e alargam nosso horizonte na direção do Reino de Deus, criador, pai e salvador de todos.

Assim, dentro dos passos do caminho sinodal sobre o qual estamos refletindo para conhecer a espiritualidade que gera sinodalidade, a escuta do coração ou da voz da nossa consciência

---

41. Rahner, K., *Escritos de Teologia*, vol. III, Madri, Edições Cristianidad, 2002, 339.
42. Martini, C. M., *Dizionario spirituale. Piccola guida per l'anima*, Casale Monferrato, Piemme, 2001, 198.
43. Cf. Rupnik, M. I., *O exame de consciência. Para viver como remidos*, São Paulo, Paulinas, 2009, 47-50.

interior nos prepara para, junto com a escuta de Deus que fala na oração, na voz do nosso próximo, no mundo que nos cerca e nas suas criaturas, sermos capazes de fazer um verdadeiro discernimento do que o Senhor nos pede hoje, como Igreja e como habitantes da mesma casa comum. Naturalmente, isso só será possível se criarmos em nossa vida pessoal e em nossas comunidades espaços de silêncio interior, que nos permita alcançar esse grau de escuta e de conhecimento de nós mesmos. É, pois, de fundamental importância que esse caminhar juntos em sinodalidade seja alimentado por uma experiência de escuta de o que o Senhor está a me (nos) falar neste momento na minha (nossa) realidade concreta, na situação pela qual passa o mundo e a Igreja, a minha (nossa) cidade, comunidade, pastoral ou movimento eclesial etc. Só assim conseguiremos que as nossas assembleias sinodais não se tornem um parlamento para se debater ideias ou uma mera investigação sobre as opiniões a respeito de determinados assuntos, como já nos alertou o Papa Francisco, insistindo que o protagonista do Sínodo é o Espírito Santo, sendo ele que nos ajudará a perceber os apelos que Deus me (nos) faz para podermos ser discípulos e missionários de Seu Filho, dando-nos forças para concretizar os seus planos (não os nossos), para a sua maior glória e o maior serviço aos demais.

Contudo, ao refletirmos sobre a espiritualidade da sinodalidade e, dentro dela, sobre o protagonismo do Espírito Santo, não podemos deixar de nos perguntar se cremos, realmente, nesse protagonismo. Ou se, pelo contrário, um dos obstáculos a que possamos viver bem o caminho sinodal é que nos falta ainda crescer naquela fé que sempre alimentou e guiou o povo da Aliança do Antigo e do Novo Testamento. Afinal, não esqueçamos que partiu do próprio Mestre a pergunta: "Mas quando vier o Filho do homem, encontrará a fé sobre a terra?" (cf. Lc 18,1-8). Sob esse aspecto, temos de reconhecer que, ao longo de sua história, a Igreja no Ocidente não concedeu a devida atenção à ação do Espírito Santo na vida dos cristãos e que predominou a busca do cumprimento de normas morais e jurídicas ou a prática dos sacramentos desvinculada da vida e da experiência dos dons do Espírito, especialmente o da caridade fraterna. Para França Miranda, isso tudo fez com que se diminuísse a liberdade do cristão (cf. 2Cor 3,17) e o impulso para a prática da caridade, especialmente em favor dos mais necessitados, e também ocasionou a falha em "reconhecer que iniciativas pelo bem comum, pela justiça, pela diminuição do sofrimento, mesmo provindas de outras motivações, são, afinal, iniciativas cristãs, resultantes do Espírito cuja ação é universal"[44].

Com efeito, a espiritualidade bíblica sempre destacou a ação protagonista do Espírito Santo na história da salvação, como nos recorda Rinaldo Fabris[45]. Os relatos bíblicos testemunham a ação pneumática de Deus transformando os homens e mulheres, feitos de carne e osso, em homens e mulheres do Espírito, isto é, "carismáticos". Pelo dom do Espírito o povo de Israel é

---

44. MIRANDA, M. F., *Um cristianismo sinodal em construção...*, 75-76.
45. Cf. FABRIS, R. et al., *Introduzione generale alla Bibbia*, Torino, Editrice Elle di Ci, 1994, 402-403.

CAPÍTULO III

TERCEIRO PASSO: DISCERNIR

O exercício da escuta, sobre o qual acabamos de refletir, está diretamente ligado ao outro verbo utilizado pelo Papa para descrever o caminho sinodal: *discernir*, porque o que afinal queremos e desejamos conhecer e cumprir é a vontade Deus, seguindo a direção que ele nos aponta. Seja na nossa vida pessoal, seja na vida da Igreja, este é o motivo maior do percurso sinodal que estamos trilhando.

O discernimento espiritual é, portanto, outro passo espiritual imprescindível de uma espiritualidade que leva à sinodalidade, sendo o terceiro que deve acontecer ao longo do caminho sinodal das nossas comunidades eclesiais. O discernimento é insistentemente lembrado pelo Papa como característica do processo ao qual convocou todos os batizados e batizadas a participar, ressaltando ter "certeza de que o Espírito nos guiará e nos dará a graça de avançar juntos, escutar-nos e iniciar um discernimento no nosso tempo, tornando-se solidário com os esforços e desejos da humanidade"[1]. Para Francisco, esta é uma questão crucial para entendermos, se quisermos fazer deste momento único da Igreja um verdadeiro Pentecostes, isto é, um

---

1. FRANCISCO, *Discurso de abertura do Sínodo*, 9 de outubro de 2021.

momento eclesial no qual o protagonista primeiro seja o Espírito Santo, pois que "se não houver Espírito, não haverá Sínodo"[2]. Como acima dissemos, um dos grandes desafios nesse processo, segundo o bispo de Roma, é o de não transformar o Sínodo em um parlamento ou uma investigação de opiniões. Por isso, é fundamental que compreendamos o que significa, na espiritualidade cristã, o termo *discernimento espiritual*, conhecendo as suas nuances no âmbito pessoal e comunitário.

De acordo com os ensinamentos de um grande especialista no tema do discernimento, o professor Ruiz Jurado[3], quando falamos de discernimento espiritual, devemos entender "espiritual" como adjetivo qualitativo, que indica qualidade, o nível ao qual se exercita o discernimento. É o nível indicado por São Paulo no capítulo 2 de sua primeira carta aos coríntios, quando ensina que recebemos como dom o Espírito Santo para poder distinguir o que vem de Deus, uma vez que o homem apenas com sua psicologia e suas faculdades humanas não pode conhecer o que vem do Espírito. O homem espiritual, ao contrário, recebeu o Espírito Santo, se deixa guiar por ele e chega a ter a mesma mentalidade de Cristo, de que nos fala Paulo na carta aos romanos (Rm 12,2). É sempre necessário buscar seu entendimento e se conformar a ele, para nos despojarmos da nossa velha mentalidade. Essa é a condição para podermos discernir

---

2. Ibidem.
3. Cf. Ruiz Jurado, M., *Il discernimento spirituale. Teologia, storia, pratica*, Roma, San Paolo, 1997, 326 p.

a vontade de Deus, o que provém dele, segundo o seu plano divino revelado em Cristo, os seus desígnios sobre cada um de nós, sobre a Igreja, sobre o mundo. Portanto, somente unidos a Cristo vitalmente pelo Espírito de Deus é que podemos discernir espiritualmente. Nunca haverá discernimento sinodal sem essa estreita união com Cristo.

Ora, tal discernimento exige de nós igualmente uma disposição para a simplicidade, de fazer-nos pequenos como uma criança, de despojar-nos das nossas próprias preocupações e de nos abandonarmos com confiança em Deus (cf. Mt 18,3). Trata-se de buscar, cultivar e aperfeiçoar as qualidades espirituais que abrem ao Reino, fazendo com que, como indivíduos e como comunidade que caminha como Igreja sinodal, cresçamos na aceitação cada vez mais plena de Cristo em nossa própria vida, em um contínuo processo de amadurecimento da nossa fé. Para Jurado (1997), somente na simplicidade e na humildade poderemos aceitar a luz de Deus com a qual se discerne espiritualmente a realidade. Contudo, não basta dizer: "Vamos agora sentar e discernir espiritualmente uma questão", ou "façamos primeiro um momento de oração e depois o discernimento", como muitas vezes ocorre em nossos encontros eclesiais. É preciso antes buscarmos, de fato, ser pessoas e comunidades espirituais, que vivem segundo o Espírito, para podermos discernir espiritualmente. E isto supõe nos dispormos previamente para captar os sinais de Deus, entrando em sintonia com as suas preferências e com os seus critérios de valoração, purificando os nossos corações, pois são os corações puros que "verão a Deus"

(Mt 5,8) e entenderão a sua vontade. A purificação e a humildade do coração sempre serão, portanto, disposições fundamentais para que se possa fazer um bom discernimento espiritual. O Sínodo sobre a Sinodalidade convocado pelo Papa Francisco nos oferece uma oportunidade única para crescermos nessas virtudes essenciais ao discernimento, revisando o nosso modo de proceder pessoal e comunitário, criando mais espaços e experiências deste tipo de exercício na nossa vida e na nossa Igreja.

Como afirmado anteriormente, é necessário que o discernimento seja feito sob a luz e guia do Espírito Santo, pois discernimos com o Espírito que habita em nós e que sustenta também o gemido universal de toda a humanidade que espera a libertação definitiva (cf. Rm 8,22-23), nas palavras do teólogo-poeta Benjamim González Buelta[4]. Ele é como um fogo que nos permite discernir com clareza o que acontece dentro de nossa intimidade, os sinais de Deus brotando novos no centro da história e toda a verdade que em Jesus se nos oferece hoje em cada situação determinada. Para González Buelta, o ponto de partida do discernimento é o conhecimento da realidade na qual vivemos. Com um conhecimento científico ou profético da realidade, buscamos descobrir aí quais são as forças que destroem a vida humana. Sabendo que Deus não está de braços cruzados, nos perguntamos: o que está fazendo Deus de novo em nossa história? Que moções experimento dentro de mim ao olhar esta

---

4. Cf. GONZÁLEZ BUELTA, B., *Orar en un mundo roto*, Santander, Sal Terrae, 2002, 186.

realidade a partir dos olhos de Deus? É muito importante, nesse processo, que nos perguntemos a partir de onde olhamos a realidade e o grande teatro de nosso mundo, já que não vemos e sentimos a mesma coisa a partir de todas as partes. Pois se o nosso olhar for só "de cima para baixo", "do centro para a periferia", "de dentro para fora", "do Norte para o Sul" ou vice-versa, nunca saberemos o que acontece "do outro lado". Nesse sentido, questiona González Buelta:

> Como poderemos contemplar o que Deus faz de novo se olhamos o mundo dos pobres a partir de longe, as nações pobres a partir das ricas e nunca as ricas a partir das pobres? Se olharmos a realidade por detrás do cenário poderemos descobrir aberrações incríveis no meio do que parece sensato e razoável, e ao mesmo tempo descobriremos um Deus infinitamente solidário: o Deus do Jesus pobre e humilde de Nazaré, que também cresceu e se movimentou com liberdade pelo reverso da história e que nos encherá de encanto e esperança[5].

Santo Inácio de Loyola, quando nos ensina a fazer o exame de si mesmo, ou exame de consciência, indica que devemos pedir sempre a graça da luz do Espírito, para podermos enxergar o mundo com os olhos de Deus, olhos esses que serão sempre de misericórdia, ternura e compaixão pela humanidade. Sob esse olhar é que devemos discernir o que nos fala e pede o Deus

---
5. Ibidem, 193.

da vida para os cristãos de hoje, neste mundo marcado pela dor e pela injustiça, mas onde reina também o amor e a esperança em tantas pessoas de boa vontade.

1. O discernimento pessoal

Quando falamos de discernimento, concebemos antes de mais nada o ato de discernir como o exercício da inteligência de uma única pessoa, sob a guia do Espírito Santo, que leva alguém a uma responsabilidade e a uma decisão tomada no âmbito da sua própria consciência. Portanto, não estamos a princípio falando de uma inteligência comum ou coletiva (de todos), ou do resultado da soma de várias consciências pertencentes a determinado grupo. Nesse sentido, o discernimento é, primeiramente, um exercício pessoal, mas visto sempre como um dom de Deus, sendo, portanto, um dom que devemos sempre pedir. De fato, o primeiro passo do discernimento deve ser pedir ao Espírito Santo a luz para bem discernir.

Uma Igreja sinodal é aquela que busca viver a espiritualidade do discernimento, que começa com exercício pessoal do mesmo, vivido continuamente pelos seus membros. Contudo, devemos reconhecer que muito pouco se fala desse tema em nossas comunidades, causando não poucas vezes uma ignorância quase total de como fazer um verdadeiro discernimento espiritual. Até mesmo quando falamos da oração ou nos reunimos para orar, nos contentamos com o mais das vezes apenas com o aspecto devocional, emocional ou ritualístico da oração, sem chegar a transformá-la em um encontro com Deus que nos ajuda a escutar e discernir a sua voz. Em vista disso, cremos ser fundamental que procuremos conhecer alguns critérios precisos que o exercício do discernimento exige a fim de que se torne cada vez mais conhecido e praticado por cada cristão. Alguns desses critérios nos são apresentados e explicados de modo claro e pedagógico por Domenico Sorrentino[6]:

1. A conformidade à Palavra de Deus: como já foi dito, a escuta da Palavra integra o primeiro passo do caminho em direção a uma espiritualidade sinodal. Trata-se de saber usar as palavras da Sagrada Escritura como critério para discernir a voz de Deus na história ou, em termos conciliares, a leitura dos sinais dos tempos, nos quais o ponto central é a pessoa de Jesus, que não foi apenas mais um dos profetas, mas é *o* profeta. É Jesus Cristo que envia o seu Espírito que fala em nós. Portanto, cabe ao cristão discernir essa voz do Espírito, na leitura contínua e orante da sua Palavra: "Outrora, Deus falou a nossos pais muitas vezes e de diversas maneiras, por meio dos profetas. No período final em que estamos ele nos falou por meio de seu Filho. Por ele é que Deus criou o universo e é ele que foi feito herdeiro de tudo" (Hb 1,1-2).

2. A obediência à Igreja: Esta é uma consequência da dimensão eclesial e comunitária da vida cristã, uma vez que o Senhor não me fala só no meu íntimo, mas me fala por meio da

---

6. Cf. SORRENTINO, D., *L'esperienza di Dio, disegno di teologia spirituale*, Assisi, Cittadella, 2007, 815-816.

sua Igreja. Esse critério é importante para não mascararmos como dons, iluminações ou vontade de Deus algo que se coloque contra os ensinamentos da Igreja e de seus líderes, especialmente quando se tratar do Sucessor de Pedro. Pois, ainda que na história de muitos santos e santas tenha acontecido muitas vezes incompreensões e provações contra eles, vindas da parte das autoridades eclesiais, isso não impediu que posteriormente se comprovasse a humildade e a santidade daquelas pessoas, fazendo com que cedo ou tarde viesse à luz a verdade e a vontade divina.

3. Os frutos da ação de Deus: de fato, nada é mais seguro para comprovar um bom discernimento da vontade de Deus quanto os frutos de caridade, justiça e santidade por ele produzidos. Esse é o critério oferecido por Jesus mesmo, quando afirma que "Pelos atos desses tais, portanto, é que os reconhecereis" (Mt 7,20). É preciso reconhecer, porém, que nem sempre é fácil avaliar os frutos de um discernimento e escolha feitos, especialmente quando, como frutos, consideramos, por exemplo, o simples aumento do número de participantes em nossos institutos, grupos, movimentos ou comunidades, pois o que a princípio poderia nos levar a ver nessas numerosas adesões externas um sucesso de evangelização e eficácia pastoral, só poderão ser considerados como vindos de Deus quando vierem acompanhados das garantias de autenticidade e adesão aos verdadeiros valores do Reino, que implicam uma inevitável transformação de vida.

Portanto, devemos sempre lembrar que para que o discernimento seja efetivamente um exercício espiritual, deve-se estar unido a Cristo sob a luz da fé e a guia do seu Espírito. Só assim poderemos discernir os sinais que Deus nos envia por meio dos acontecimentos da história ou por quaisquer outros meios pelos quais nos fala, como vimos anteriormente. Por outro lado, o tema do discernimento espiritual está relacionado com o do "discernimento dos espíritos", em que "dos espíritos" indica o campo ou objeto ao qual se dirige o discernimento, ou seja, as moções, tendências, inclinações pelas quais os "espíritos" agem no ser humano e que nem sempre vêm do "bom espírito": ao contrário, podem ser oriundas do "mau espírito", que nos impede de fazer justamente o que Deus nos espera, pois nos leva a ficar presos por medos ou ser arrastados por ambições obscuras. Tudo isso mostra a importância de que em nossas comunidades temas como esse sejam trabalhados e exercitados, para que estejamos em condições de viver a espiritualidade da sinodalidade, que passa necessariamente pelo passo espiritual ou momento do discernimento da vontade de Deus para nós e para a Igreja, termo que não pode ser banalizado nem confundido com os nossos próprios interesses e falsas motivações.

Com efeito, temos de estar conscientes de que nem sempre é fácil discernir a proposta de Deus, como nos recorda González Buelta[7], uma vez que uma sociedade em constante mutação não favorece que cada um tome uma decisão por si e que o faça para a vida toda. Ao contrário, pode surgir muita confusão dentro de nós,

---

7. Cf. GONZÁLEZ BUELTA, B., *Orar en un mundo roto...*, 187-188.

pois os sistemas e mercados econômicos, usando de astúcia, calculando até o último detalhe, estendem as suas redes encobertas sob o rosto fascinante da publicidade e do poder social, invadindo nossos gostos e *hobbies*, buscando entrar em nossos sonhos para o futuro que se perfilam em nossa fantasia e querendo nos vincular a suas organizações. A esse respeito o Papa Francisco tem constantemente nos alertado sobre o perigo do consumismo e da cultura do descarte, que imperam nas leis do mercado. Por outro lado, as nossas instituições eclesiásticas e religiosas muitas vezes são também limitadas em sua liberdade de discernir por causa da sua própria e velha inércia, que as mantém em suas rotas já traçadas há anos e na mesma velocidade com que caminham, tratando de cooptar os novos sonhos e projetos de seus membros, aparentemente acolhendo-os e assimilando-os, mas no fundo fortalecendo a sua própria rota, que em geral permanece inalterada.

González Buelta alerta que nisso tudo não há lugar para a ingenuidade, pois já Santo Inácio falava que existe um mal sob "aparência de bem", com que é tentado todo aquele que deseja servir a Deus e seu Reino, uma vez que o "Inimigo da natureza humana" tem uma inesgotável lista de disfarces. Eis por que o discernimento deve ser uma dimensão permanente da nossa vida, inclusive nas etapas mais profundas da oração e do compromisso. E, precisamente por isso, o discernimento tem de fazer parte dos nossos processos formativos e de amadurecimento espiritual pessoal e comunitário, por ser um elemento decisivo na construção de uma Igreja verdadeiramente sinodal.

Com efeito, neste tempo de caminho sinodal, temos de nos aprofundar cada vez mais no conhecimento teórico e prático do dom e da arte de discernir, sabedores de que "o Sínodo é um caminho de discernimento espiritual eficaz, que não empreendemos para dar uma bela imagem de nós mesmos, mas para melhor colaborar na obra de Deus na história"[8]. Para González Buelta[9], isso requer da nossa parte uma abertura generosa, sendo necessário que a pessoa esteja "somente" e "puramente" [EE 23] orientada para Deus, que se constitui no único polo que a atrai e unifica todo o seu dinamismo. Trata-se de uma disposição generosa de abraçar "o que mais" contribua para a realização do plano de Deus, fazendo do discernimento a ponte entre a contemplação e a vida ativa onde acontece o Reino de Deus.

Em resumo, podemos dizer que o discernimento é uma atividade espiritual, que se desenvolve sob a moção do Espírito, que sempre age com liberdade e pede aos homens uma resposta livre. É neste clima que devem viver os cristãos em tempos de sinodalidade: viver em um estilo de escuta e vigilância evangélica permanente, sempre dispostos a colher a voz de Deus e a agir de acordo com ela, contrariando toda e qualquer visão egoísta. A atitude de se buscar primeiramente o reino de Deus leva a discernir os caminhos de Deus de modo espontâneo nas circunstâncias ordinárias da vida e nas decisões mais comuns e necessárias, para o maior serviço e a maior glória de Deus.

---

8. FRANCISCO, *Discurso de abertura do Sínodo*, 9 de outubro de 2021.
9. Cf. GONZÁLEZ BUELTA, R , *Bajar al encuentro de Dios*, Santander, Sal Terrae, 1988, 42.

2. O discernimento comunitário

Além da sua dimensão pessoal, o discernimento tem também uma dimensão comunitária, pastoral e eclesial, que favorece o confronto com o corpo da Igreja, sobretudo com os irmãos que têm o serviço da autoridade, o que vamos descobrindo como vontade de Deus no âmbito pessoal. O atual momento que vive a Igreja, de redescoberta da sua vocação para a sinodalidade, nos ajuda a reconhecer que a experiência do discernimento espiritual feito em comum pela comunidade eclesial é de inegável atualidade, seja pela importância que assumiu em nosso tempo o fenômeno grupal e comunitário, seja também pela diversidade extraordinária de grupos e movimentos surgidos no interior da Igreja nos últimos tempos, cada um deles com características bem específicas. Alguns desses grupos são, efetivamente, marcados por um estreito vínculo com a hierarquia eclesiástica, enquanto outros parecem caminhar à revelia desta, mais próximos de certas correntes do pensamento hodierno. Contudo, tal variedade pode ser justificada e legitimada pela própria natureza carismática da Igreja (cf. 1Cor 12,12-30), presente desde as origens do cristianismo, sem prejuízo para a sua unidade. De fato, o Espírito Santo sempre se movimenta de forma plural, dinâmica e variada nos mais diferentes contextos, conservando, porém, as mesmas características e garantindo ao mesmo tempo pluralidade e unidade na Igreja.

Com efeito, o Papa Francisco, muito antes da convocação do atual Sínodo sobre a sinodalidade, já exortava toda a Igreja a não se conformar com o critério do "sempre se fez assim", mas a se renovar por meio do discernimento pastoral feito em comum, afirmando:

> Convido todos a serem ousados e criativos nesta tarefa de repensar os objetivos, as estruturas, o estilo e os métodos evangelizadores de suas próprias comunidades. Uma identificação de fins sem uma busca comunitária adequada dos meios para alcançá-los está condenada a se traduzir em mera fantasia. Exorto todos a aplicarem as orientações deste documento com generosidade e coragem, sem proibições ou medos. O importante é não caminhar sozinho, contar sempre com os irmãos e sobretudo com a orientação dos Bispos, num sábio e realista discernimento pastoral[10].

Todavia, temos de reconhecer que nem sempre prevalece esta abertura e o interesse em se fazer um verdadeiro caminho de discernimento comunitário, muitas vezes por faltar harmonia entre esses diversos grupos e movimentos eclesiais, por conta da tendência, nem sempre assumida, de um certo dinamismo proselitista e expansionista, cuja existência causa não poucas tensões e dificuldades nas nossas paróquias e pastorais, como também no diálogo com outras instituições, dentro e fora da Igreja. Isso não deve, contudo, nos fazer desanimar em buscar viver o discernimento espiritual como prática comunitária do povo

---

10. FRANCISCO, *Exortação Apostólica Evangelii Gaudium*, n. 33.

de Deus, sumamente importante para garantir a unidade na diversidade dos carismas. Pois somos chamados, não apenas como indivíduos, mas como inteiras comunidades eclesiais, a ler juntos o presente da vida da Igreja e a encontrar nessa realidade, por meio de um debate constante e franco, animado pela fé e sob a orientação dos nossos pastores, os ecos da ação do Espírito e os apelos de Deus para nós hoje, cristãos do terceiro milênio.

De fato, o Concílio Vaticano II ofereceu os pressupostos doutrinais do discernimento espiritual em comum ao recordar que o Espírito Santo não somente guia a Igreja por meio do ministério hierárquico e dos sacramentos, mas também a enriquece com as virtudes e distribui entre os fiéis inúmeras e variadas graças especiais, como são os carismas, com as quais a capacita a enfrentar as dificuldades e necessidades que se apresentam no seu caminhar em meio ao mundo. Assim, tais graças e carismas devem ser acolhidos pela mesma Igreja com gratidão a Deus. Naturalmente, cabe à hierarquia da Igreja examinar e comprovar a autenticidade de tão diversos carismas, exatamente por meio do discernimento espiritual, que deve envolver o maior número possível de membros da comunidade eclesial, em diferentes fases e lugares, para acolher o que é fruto do Espírito Santo, sem jamais sufocá-lo (cf. 1Ts 5,12).

Neste momento histórico em que somos convocados pelo Papa Francisco a redescobrir o rosto sinodal da Igreja, é importante que nossas comunidades e grupos eclesiais criem, portanto, mais momentos e ambientes de oração de discernimento, em vista de buscarmos e encontrarmos juntos a vontade de Deus, confiados nas palavras de Jesus: "Eu vos repito: se dois dentre vós na terra se puserem de acordo para pedir seja qual for a coisa, esta lhes será concedida por meu Pai que está nos céus. Porque, onde estão dois ou três reunidos em meu nome, eu estou lá entre eles" (Mt 18,19-20). A condição para que isso ocorra é, portanto, que não só estejamos reunidos, mas que o façamos em seu nome. E que tenhamos em comum uma única graça a pedir, qual seja, a de descobrir e seguir a vontade divina, superando os próprios desejos, ideologias e planos. Isso supõe, necessariamente, que sejamos pessoas espiritualmente maduras na fé, como indivíduos e como comunidade (grupo), para não reduzirmos esses momentos a eventos meramente "carnais" (imanentes), ainda que eventualmente democráticos e participativos. A dimensão transcendental da fé é parte essencial do discernimento espiritual comunitário. Salutar, como vimos anteriormente, é que esses momentos vividos em comunidade sejam previamente preparados pela oração, pelo discernimento pessoal dos participantes e pela purificação dos próprios afetos e do coração, garantido assim maior liberdade de espírito e eficácia no exercício de discernir e assumir juntos a vontade de Deus. Com efeito, como escreve Pietro Schiavone, o discernimento comunitário

> não é uma simples discussão e debate para, por exemplo, um conhecimento mútuo ou um enriquecimento cultural ou uma comunicação de dados e fatos para a compreensão de determinadas situações e dificuldades. Também não pode ser visto como dinâmica de grupo e terapia, não pode ser reduzido a

uma técnica de reunir e chegar a uma conclusão, recorrendo a votos, para estabelecer maioria e minoria. O discernimento evangélico comunitário ocorre quando – supondo a convicção da presença ativa do Espírito de Deus [...] – nos reunimos, como comunidade, em busca da vontade de Deus, com o objetivo de dar-lhe maior glória. O objeto da pesquisa não são indivíduos tomados isoladamente, mas como parte de uma comunidade que, reunida em nome do Senhor, tem objetivos e meios próprios. [...] Podemos adotar a definição do Rev. Pe. Pedro Arrupe: o discernimento espiritual em comum consiste na "busca da vontade de Deus feita em conjunto, todos participando de uma reflexão sobre os sinais que podem indicar em que direção guia o Espírito de Cristo"[11].

Além disso, é preciso garantir a participação de cada membro da comunidade a partir da sua dignidade comum de batizado, mas também a partir do carisma e ministério específico ao qual Deus o chamou a servir a sua Igreja, incluindo aí os diversos níveis de autoridade e esferas de decisão, sem confundir responsabilidades ou transferir competências. Um bom discernimento espiritual feito em comunidade é, por outro lado, uma mediação que ajuda a combater toda forma de autoritarismo, tanto de indivíduos como de determinadas "panelinhas", que se sentem "donas da verdade" e possuidoras de poderes ilimitados sobre as consciências alheias e o destino da própria comunidade.

---

11. SCHIAVONE, P., *Il discernimento evangelico oggi*, 221-222.

Afinal, considerando que se trata sempre de grupos formados por seres humanos, é perfeitamente razoável pensar que possam existir neles esse tipo de postura imatura e distorcida, posto que as afeições desordenadas que se instalam no profundo do coração não são só pessoais, mas podem ser também comunitárias.

Como já apontamos antes, ao falarmos do discernimento pessoal, também no discernimento comunitário há de se ter presente que uma determinada comunidade pode criar um certo estilo de vida pouco evangélico, mas tão arraigado que para justificá-lo não faltarão argumentos aparentemente aceitos por todos, de modo que qualquer mudança que se queira introduzir aí ou qualquer pessoa com um ânimo diferente que queira viver nessa comunidade não serão facilmente recebidas. Quantas vezes não escutamos o anúncio do Evangelho de Jesus a partir de pessoas cujo estilo de vida é tão inchado pelos sinais do poder e do êxito deste mundo, autojustificados com falsas razões, que se torna difícil reconhecer aí o Jesus pobre e humilde do evangelho[12]? Ao mesmo tempo, infelizmente não é raro assistirmos no cenário mundial a realidades atrozes como assassinatos, atentados suicidas, extermínios étnicos, guerras de religião, discriminações e escravidões praticados em nome de Deus.

Na verdade, temos de ser conscientes de que o caminho espiritual é um intenso itinerário no qual agem o Espírito Santo, de um lado, com os seus dons, moções e inspirações, e da outra parte o ser humano, com a sua natureza rica de dinamismos e

---

12. Cf. GONZÁLEZ BUELTA, B., *Orar en un mundo roto...*, 189.

possibilidades, mas também enfraquecida e minada pelo "Inimigo da natureza humana", termo comum na linguagem inaciana. Ora, é precisamente por causa dessa complexidade e pelo modo como Deus age, respeitando a nossa liberdade, que se faz necessário o discernimento da vontade divina, como São Paulo nos orienta a fazer, quando afirma: "Não vos conformeis com este mundo, mas transformai-vos pela renovação do espírito, para chegardes a conhecer qual seja a vontade de Deus, a saber, o que é bom, agradável e perfeito" (Rm 12,2)[13]. Desse modo, reconhecer que somos movidos pelo Espírito de Cristo em nossa experiência espiritual, comunitária ou individual, mas também pelas nossas próprias paixões e afetos desordenados, somente faz crescer em nós a certeza de que o discernimento espiritual, feito em comunidade e que busca sinceramente a união das vontades e dos corações, gera incontáveis frutos, tais como o respeito e a caridade mútua, a docilidade ao Espírito e a legitimidade das decisões tomadas. Não se pode negar a riqueza do discernimento feito em comunidade, em clima de oração compartilhada, que só faz crescer a unidade na riqueza da diversidade de experiências e carismas, como irmãs e irmãos participantes de um mesmo ideal de seguimento a Cristo e que desejam caminhar e servir juntos na *missio Dei*, edificando-se mutuamente.

Assim, o discernimento que o Papa propõe à Igreja fazer neste percurso sinodal haverá de ter sempre uma dimensão comunitária, pois afeta todos os membros do corpo eclesial, o

---

13. Cf. SORRENTINO, D., *L'esperienza di Dio*..., 811-812.

que requer, necessariamente, a capacidade de caminhar com os outros, sob a guia dos pastores da Igreja, no desejo de descobrir em que direção o Espírito de Cristo a impulsiona hoje. Um belo exemplo de um desses pastores, que buscou sempre trilhar esse caminho sinodal, pode ser encontrado na figura do Cardeal Carlo Maria Martini, arcebispo de Milão, que nos deixou este testemunho:

> Coloquei-me numa posição de escuta reverente do que o Espírito quis dizer à nossa Igreja através das vozes dos vários organismos sinodais e de todos aqueles que foram chamados a opinar. Pretendia colocar-me em situação de atenção e receptividade ao que toda a base eclesial pudesse dizer ou expressar[14].

São inegáveis, portanto, as vantagens de orar e discernir juntos, escutando aos demais, tendo em conta a participação e disposição de todos os membros da comunidade, grupo ou instituto religioso para que nos ajudemos mutuamente de prossecução de um ideal comum. Com o mesmo método, podemos melhor discernir as inspirações e moções que Deus pode comunicar a cada um para o bem da comunidade, como algo querido por ele, aumentando em nós o desejo de caminhar juntos, em sinodalidade, cada um a partir do seu próprio carisma, aceitando as limitações de cada pessoa e da nossa Igreja, como um todo.

---

14 MARTINI, C. M., *Lettera di presentazione*, n. 18.

Assim, é dessa maneira que se torna presente, no meio da comunidade, a caridade divina e o respeito a cada pessoa, bem como à autoridade conferida para servir a Deus e à comunidade, todos com igual dignidade, de forma que prevaleça na comunidade a humildade e o amor preferencial pelos mais pobres e vulneráveis, já que "a proximidade dos pobres é um lugar privilegiado para o discernimento"[15]. O exemplo, acima citado, da postura do antigo arcebispo de Milão revela a fé que o animava, isto é, a certeza de que nas vozes de homens e mulheres que se manifestam nas diversas instâncias eclesiais de participação ressoa o eco do próprio Espírito que hoje fala às Igrejas, a nos mostrar o quanto é importante que essas vozes sejam escutadas com atenção e reverência.

Tudo sobre o que refletimos até agora nos ajuda a compreender melhor a relação intrínseca que existe entre o discernimento pessoal e o discernimento comunitário, passo ou etapa fundamental do percurso sinodal que somos chamados a viver. Como vimos, pelo primeiro entendemos a busca da vontade de Deus realizada por uma pessoa particular; pelo segundo, vemos a busca da vontade divina realizada pela comunidade ou por um grupo de pessoas unidas por um vínculo particular e, em última instância, pela Igreja. Há uma relação dialética entre um e outro, na qual ambos conservam os seus aspectos distintos, mas não separados. Certo é que, quando uma comunidade se sente impulsionada a fazer determinada opção ou a tomar

---

15. GONZÁLEZ BUELTA, B., *Bajar al encuentro de Dios...*, 40.

determinada orientação, há de se ter presente todos esses elementos do discernimento espiritual, para avaliar se esses impulsos vêm realmente do Espírito Santo, isto é, se foram bem discernidos pela comunidade. O discernimento, na verdade, é uma necessidade que sempre acompanhou a vida da Igreja, desde os primeiros séculos. Pois, já nas primeiras comunidades cristãs se colocava o problema de discernir um profeta verdadeiro de um falso profeta, um autêntico anunciador do Evangelho de um mistificador, por exemplo.

Entretanto, com base em qual critério podemos decidir pela autenticidade de uma doutrina ou fazer uma opção pastoral? Quais elementos podem nos fazer entender se uma orientação ou escolha é verdadeiramente para a edificação da Igreja? Certamente, o problema é muito complexo, porque muitos são os fatores que entram para construir um juízo seguro. No entanto, alguns critérios de avaliação do percurso feito podem nos ajudar a avaliar se fizemos ou não um verdadeiro discernimento no Espírito.

3. Critérios de avaliação do discernimento

Baseando-se nos escritos paulinos, alguns conhecidos autores da área teológico-espiritual[16] recolheram os principais

---

16. Cf. BARRUFFO, A.; BECK, T.; SULLIVAN, F. A., *L'azione dello Spirito Santo nel discernimento*, Roma, Centro Ignatianum Spiritualitatis, 1983, 43-48.

critérios para que cheguemos a fazer um correto discernimento em nossas comunidades. É provável que, de modo isolado, nenhum deles seja decisivo. Porém, vistos no seu conjunto e considerada a complementariedade de um com outro, certamente eles nos oferecem um caminho eclesial seguro para discernir, a partir da ótica e da fé cristã. Vejamos quais são esses critérios, indo dos mais objetivos aos mais subjetivos:

1. A fidelidade à doutrina da Igreja: é o critério objetivo mais seguro para discernir se uma posição ou iniciativa pastoral vem de Deus e leva a Deus, passando pelo bem da Igreja. A este critério, junto com outros, fazia referência São Paulo VI, falando do discernimento dos dons espirituais;
2. O testemunho da consciência: junto com este e outros critérios objetivos existe o critério íntimo da consciência. Trata-se daqueles movimentos interiores que nascem de uma renovação da inteligência espiritual e dos juízos de valores (Rm 12,2; Ef 4,23) e que dão serenidade e alegria de sentir-se no caminho de Deus e da Igreja. É como uma revelação interior que, presente em uma tradição, dá segurança e impulso para edificar a Igreja. Santo Inácio chama a isso de "consolações espirituais", isto é, "todo aumento de esperança, fé e caridade, e toda alegria interna que chama e atrai para as coisas do alto e para a salvação da própria alma, acalmando-a e pacificando-a no seu Criador e Senhor" [EE 316] e que permite fazer escolhas importantes para a glória de Deus e para o bem da Igreja;

3. A edificação da Igreja: outro critério de discernimento comunitário-pastoral-eclesial é o que concorre para a edificação da Igreja. É tudo o que constrói, não destrói ou desintegra. Este critério se utiliza em particular quanto aos carismas. Os dons autênticos são aqueles que "edificam" a Igreja (1Cor 14,4.12.26), que são para a "utilidade comum" (12,7), que contribuem para o crescimento e a coesão do corpo de Cristo;

4. A comunhão eclesial: é um critério relacionado ao anterior. A Igreja não pode ser edificada senão na *koinonia*, ou seja, naquela união que nasce do dom gratuito do Ágape de Deus e que une todos aqueles que acolhem Cristo na fé e nos sacramentos. Toda iniciativa pastoral que promove e reforça esta comunhão pertence ao projeto de Deus. São Paulo sublinha o fato de que a comunidade cristã nasce e cresce em uma relação de intimidade com Deus, mas que se estende aos irmãos. Com a fé, de fato, os cristãos são chamados "à comunhão com o seu Filho, Jesus Cristo, nosso Senhor" (1Cor 1,9), e do seu Espírito (cf. 2Cor 13,13). A atividade pastoral, então, se torna um dinamismo no qual agem a onipotência de Deus e a liberdade e o discernimento do ser humano: "trabalhai para a vossa salvação com temor e tremor, [...] porque Deus mesmo, no seu desígnio de amor, realiza em vós tanto o querer como o agir" (Fl 2,12-13). Da comunhão de fé é necessário passar à comunhão de caridade, isto é, a colocar em comunhão as "necessidades" e "sofrimentos" dos outros (cf. Rm 12,13) para que assim se

chegue à comunhão com os sofrimentos de Cristo (cf. Fl 3,10; Cl 1,24);

5. A caridade fraterna: para especificar melhor este critério anteriormente citado, devemos destacar a caridade fraterna como realidade que autentica o que vem de Deus e o que não vem dele. As iniciativas pastorais, mesmo as mais maravilhosas, se não promovem a caridade fraterna, não são autênticas. Se é verdade, segundo o Evangelho, que a árvore se conhece pelos frutos, a caridade fraterna para São Paulo está no primeiro lugar entre os frutos do Espírito (cf. Gl 5,22). Se na conduta da comunidade cristã há comportamentos contrários à caridade, isso é sinal da ausência do Espírito Santo (cf. 1Cor 3,3). Para Paulo, a caridade fraterna, carisma dos carismas, é o princípio fundamental para discernir a autenticidade dos carismas, a sua capacidade para edificar a Igreja. É o melhor caminho de todos (cf. 1Cor 13);

6. Os frutos do trabalho apostólico: o trabalho apostólico produz frutos. Da sua qualidade se avalia a retidão das escolhas que guiam tal trabalho. Naturalmente, não é fácil sempre definir essa qualidade. Mas onde há um aumento da fé, do compromisso ético e apostólico, tudo isso é sinal de que o Senhor está à frente desse trabalho. Portanto, os frutos do Espírito também se refletem e identificam no apostolado e em toda atividade pastoral;

7. As provações do apóstolo: também as provações, as tribulações do apóstolo podem ser critérios de discernimento da bondade do seu compromisso quando são consequências

do seu serviço ao Evangelho. Afinal, as provações são inseparáveis do ministério apostólico. E, diante das nossas fragilidades, os milagres, a segurança no proclamar a palavra de Deus e o reino, no enfrentar as perseguições, se tornam sinais da força do Espírito que se revela na fraqueza humana;

8. O despojamento apostólico: no contexto do comportamento moral do apóstolo, Paulo dá particular valor ao seu despojamento em relação aos bens materiais. É um critério de discernimento da autenticidade da pessoa e da mensagem do evangelizador;

9. A luz e a paz: enfim, um critério de discernimento que se manifesta não só no íntimo do coração, mas também no interior da vida da comunidade cristã é aquele sentimento de luz e de paz que acompanha toda iniciativa eclesial. A ação autêntica do Espírito na obra eclesial não coloca tensões e perturbações, porque "Deus não é um Deus de desordem, mas de paz" (1Cor 14,33). Os desejos que impulsionam a fazer determinadas escolhas apostólicas devem levar o sinal da paz (cf. Rm 8,6).

Além dessa série de critérios, o teólogo Antonio Barruffo[17] apresenta também quatro premissas que asseguram a possibilidade e a retidão do discernimento comunitário e que podem servir igualmente de critério para a sua validade:

---

17. Cf. BARRUFFO, A., Discernimento, in *Dicionário de Espiritualidade*, São Paulo, Paulus, 1993, 189-293.

1. Vivência anterior do discernimento pessoal. O discernimento comunitário supõe o discernimento pessoal, porque uma comunidade só poderá colocar-se em situação de discernimento à medida que seus membros tenham feito ou façam em sua vida a experiência profunda da busca de Deus e da sua vontade e se deixem guiar pelo Espírito em suas opções;
2. Experiência forte de fé da comunidade. Discernir é um ato de abandono, de escuta, de confiança em Deus, que guia as pessoas, os grupos e a história. É Deus quem, em seu presente de graça, interpela a comunidade sobre sua identidade e a sua missão apostólica. Ele lhe dirige a palavra em Cristo, na Igreja e através dos sinais dos tempos. "O amor que me faz escolher – diz Santo Inácio – deve descer do alto, do amor de Deus", de modo que a escolha se faça "unicamente por causa do seu criador e senhor" [EE 184];
3. Abertura ao Espírito Santo. É o Espírito de Cristo que "vos conduzirá à verdade completa" (Jo 16,13). O discernimento, com efeito, é espiritual, o que significa que é feito somente no Espírito, sob sua influência. Essa abertura ao Espírito requer a purificação do coração e das intenções e profunda conversão a Cristo e ao Evangelho;
4. Presença de uma comunidade orante. A oração não deve ser só pessoal, mas comunitária, numa relação filial com Deus, que faça todos se sentirem filhos do mesmo Pai, criando o clima para o discernimento.

O mesmo autor nos oferece também um elenco de seis condições psicológico-espirituais favoráveis ao discernimento da comunidade, pois ajudam seus membros a distinguir o que facilita e o que dificulta a busca autêntica dos caminhos de Deus. Eis algumas condições propícias para criar premissas de autenticidade:

1. Não querer fazer prevalecer o próprio parecer ou posição dentro do grupo, mas buscar e encontrar o plano salvífico de Deus para a comunidade, a Igreja e o mundo;
2. Purificar-se das paixões desordenadas que bloqueiam uma autêntica relação interpessoal, tais como inveja, ciúme, não participação nas alegrias e sofrimentos alheios etc.;
3. Deixar que os outros nos questionem (e Deus por meio deles), desmascarando nossas ambiguidades, preconceitos, predeterminações; falsas seguranças; busca de si mesmo;
4. Renunciar à autossuficiência, à pretensão de conhecer com exclusividade a vontade de Deus, a qual se encontra mediatizada pelo testemunho e pela experiência espiritual dos outros, da Igreja, e da sociedade;
5. Acolher os outros, no âmago de si mesmo, nos próprios pontos de vista e convicções. É atitude de respeito à pessoa do outro, de sincera caridade evangélica;
6. Como grupo ou comunidade, não se fechar em si mesmo, mas antes sentir-se parte de uma comunidade mais ampla e da Igreja inteira, vivendo suas orientações universais.

Falando certa vez sobre o discernimento a um grupo de novos bispos, o Papa Francisco[18] afirmou que, para defender a fé correta, ensina a história que os grandes pastores souberam dialogar com os fiéis, sendo muitas vezes sustentados pelo depósito de fé presente no coração e na consciência desses. Citando São John Henry Newman, Francisco afirmou que esse intercâmbio impede que a fé dos mais cultos possa degenerar em indiferença e que a fé dos mais humildes acabe em superstição. Isso nos mostra a importância do discernimento na vida pastoral de uma comunidade, sempre diante de decisões a tomar.

Esse discernimento pastoral, via de regra, é feito entre as tensões e as ambiguidades da existência humana, sendo o próprio serviço pastoral uma realidade una e complexa ao mesmo tempo. Uma vez que a atividade da Igreja deve ser constante e fielmente orientada para o crescimento do Cristo total, não podemos seguir simplesmente nossos impulsos ou tomar qualquer caminho, mas é necessário "olhar dentro" das situações da existência cristã para comparar e separar os apelos autênticos de Deus e aqueles oriundos dos instintos humanos, das pressões sociais ou, em última análise, das potências do mal que são contrárias ao Espírito de Deus. É nesta situação "terrestre" da Igreja, quando o seu percurso na história a coloca diante do risco de fazer escolhas ambíguas ou diante de tensões entre uma escolha e outra, que o discernimento em comum se torna fundamental.

---

18. *Il cuore parla al cuore, John Henry Newman e i Papi*, Città del Vaticano, Libreria Editrice Vaticana, 2019, 119.

Nesse sentido, a admoestação de São João pode ter um alcance muito amplo: "Caríssimos, não acrediteis em qualquer pessoa, mas examinai os que se apresentam, para ver se são de Deus" (1Jo 4,1). Por isso, falando na assembleia inaugural do Sínodo sobre a Sinodalidade, o cardeal Jean-Claude Hollerich[19] recordava a importância de buscarmos "viver um verdadeiro discernimento para que eu não manipule o processo sinodal para meus próprios propósitos, meus objetivos de uma Igreja que sonho e desejo, mas que meu sonho de Igreja se torne nosso sonho de Igreja graças à contribuição de meus irmãos e minhas irmãs".

Processos de discernimento feitos pela comunidade em vista de escolhas importantes a serem tomadas muitas vezes são preparados com a ajuda de pessoas que oferecem uma abordagem sociológica, psicológica e política para captar as exigências que provêm da sociedade em rápida mutação. O discernimento espiritual não pode ignorar esses dados, mas ao mesmo tempo deve vê-los dentro de uma perspectiva diferente daquela tomada por uma empresa ou organização civil para programar o exercício de suas atividades. Em se tratando de um exercício espiritual, a perspectiva predominante deverá ser sempre a evangélica. Trata-se de um exercício que se faz necessário em alguns momentos fortes da comunidade, quando entram em jogo valores e decisões importantes para a vida cristã e a missão da Igreja.

---

19. HOLLERICH, J.-C., *Momento de reflexão para o início do caminho sinodal*, 9 de outubro de 2021.

Parte integrante do percurso sinodal, o discernimento possui diversos graus de realização e pode ser feito em diversas fases ou etapas essenciais na comunidade, começando pela criação de um clima de fé e de escuta da voz de Deus e dos outros, com disponibilidade e oração. É fundamental que se dê espaço inicial à oração pessoal, para que cada um possa captar as moções do Espírito, como também é fundamental que se estabeleça com clareza sobre o que se quer discernir, qual o assunto, o objeto do discernimento, que esteja dentro da competência do grupo que vai discernir. Como temos visto em nossa reflexão, muito importante é também que se promovam momentos de escuta, onde todos, percebendo as suas moções, com o coração livre e os afetos ordenados, possam compartilhar a sua experiência de oração, em espírito de acolhida e valorização do que se escuta, não de discussão. Muitas vezes é oportuno repetir essa dinâmica com outros momentos pessoais de oração para se aprofundar o que se ouviu no grupo, antes de reagir. A partir daí pode-se passar ao momento de discutir os aspectos que se destacaram na partilha, analisando tudo o que foi apresentado sob a luz do Espírito, para em seguida, se for o caso, passar ao momento das deliberações e tomadas de decisão, que leve ao amadurecimento de um consenso sobre o tema que se está discernindo.

Vimos anteriormente que a escuta do próprio coração é importante para conhecer a vontade de Deus e a sua presença entre as nossas ambiguidades. Da mesma forma, no discernimento comunitário, eclesial e pastoral, a Igreja faz uma reflexão à luz da fé para ver se está andando no caminho certo ou não, procurando envolver nesse exercício os seus diversos membros. Algumas vezes, as nossas escolhas pastorais podem parecer claras e corretas à primeira vista, mas sob um olhar mais profundo se revelarem contrárias ou pouco conformadas ao plano de Deus e, portanto, ao crescimento da comunidade. O mau espírito sempre ronda o nosso espírito, buscando nos enganar para nos desviar do plano de salvação de Deus. Eis o motivo pelo qual o discernimento comporta um elemento de combate espiritual contra "os dominadores deste mundo das trevas, e os espíritos malignos dos ares" (Ef 6,12) para desmascarar as suas insídias e retomar o caminho certo. Valem, portanto, para o nosso caminhar juntos em discernimento, as palavras de São Paulo, de que vivamos guiados pelo Espírito: "Todos os que são guiados pelo Espírito de Deus são filhos de Deus" (Rm 8,14)[20].

Tudo isso exige de nós um "dever de discernimento" neste momento histórico que a Igreja vive, no qual somos chamados a caminhar e discernir juntos para acertar nas escolhas, envolvendo o maior número de pessoas possível, em seus diversos níveis, pois "o discernimento pessoal também se expande para o discernimento comum e acaba se tornando um verdadeiro discernimento eclesial", feito "em espiral ascendente: de uma pequena comunidade ao momento sinodal global, passando por diferentes fases no tempo e no espaço, uma passagem de um 'eu' para

---

20. Cf. BARRUFFO, A.; BECK, T.; SULLIVAN, F. A., *L'azione dello Spirito...*, 32-34.

um 'nós' sempre maior"[21]. O discernimento pastoral possui, por isso, dimensões múltiplas que expressam o comportamento de quem, indivíduo ou comunidade, se põe em uma relação com Deus que chama e com a Igreja à qual é enviado com a missão de edificá-la.

Com efeito, assim como refletimos sobre a importância dos dois primeiros passos espirituais do *encontrar* e do *escutar*, estamos agora enfatizando quão importante é igualmente o terceiro passo do caminho sinodal, que consiste no momento em que a comunidade de fé é chamada a *discernir* a vontade de Deus no tocante a seu modo de viver a fé e de comprometer-se com a Igreja e com a sociedade. Trata-se aqui, como temos visto, de questionar-se diante de Deus, a fim de compreender se a decisão que se está tomando está de acordo com o projeto evangélico e se corresponde aos tempos da Igreja e às exigências dos homens e mulheres do nosso tempo. É atitude de busca desinteressada, em que cada um se sente corresponsável e colabora com a valorização das moções do Espírito para que a comunidade eclesial como tal chegue à conclusão daquilo que mais agrada ao Senhor[22], a partir do que ele for nos comunicando ao longo de todo este processo. De fato, explica o documento introdutório do Sínodo que

---

21. HOLLERICH, J.-C., *Momento de reflexão...*
22. Cf. BARRUFFO, A., Discernimento, in *Dicionário de Espiritualidade*, São Paulo, Paulus, 1993, 293.

o caminho sinodal apresenta uma peculiaridade que é também um recurso extraordinário: seu objeto – sinodalidade – também é o seu método. Em outras palavras, constitui uma espécie de canteiro de obras ou experiência-piloto, que permite começar a colher imediatamente os frutos do dinamismo que a conversão sinodal progressiva introduz na comunidade cristã. Por outro lado, as experiências da sinodalidade vivida, em diferentes níveis e com diferentes graus de intensidade: seus pontos fortes e sucessos, bem como suas limitações e dificuldades, oferecem elementos valiosos para discernir a direção na qual continuar se movendo... Em estilo sinodal, as decisões são tomadas pelo discernimento, com base em um consenso que brota da comum obediência ao Espírito[23].

---

23. DOCUMENTO PREPARATÓRIO da XVI Assembleia Geral Ordinária do Sínodo dos Bispos, *Para uma Igreja sinodal: comunhão, participação e missão*, n. 25; n. 30, IX.

CONCLUSÃO

OS FRUTOS DO PROCESSO SINODAL

Os passos espirituais da sinodalidade – encontrar, escutar e discernir – explicados pelo Papa Francisco na sua homilia de inauguração do processo sinodal 2021-2024, sobre os quais procuramos refletir nas páginas anteriores, formam a base da experiência de sinodalidade no seio das nossas comunidades, fomentando nestas sempre mais um clima de diálogo e comunhão. Esse caminhar juntos sob a guia do Espírito Santo levará progressivamente ao surgimento de espaços de consenso e de decisão conjunta para se responder melhor aos desafios pastorais dos nossos tempos, ao mesmo tempo em que fará crescer uma maior corresponsabilidade entre todos os membros da comunidade eclesial e na vida de toda a Igreja, fomentando em cada um de nós, seguidores e seguidoras de Cristo, um espírito de serviço e não de carreirismo eclesiástico que busca poder e privilégios, como bem lembraram os padres sinodais participantes do Sínodo Especial sobre a Amazônia[1].

---

1. ASSEMBLEIA ESPECIAL DO SÍNODO DOS BISPOS PARA A REGIÃO PAN-AMAZÔNICA, *Amazônia: Novos caminhos para a Igreja e para uma ecologia integral*, Documento Final, n. 88.

Desse modo, o momento decisivo da tomada de decisões, consequência natural dos três passos do percurso sinodal, deverá ser pautado em todos aqueles momentos anteriormente vividos, mas sobretudo como expressão e consequência do discernimento pessoal, que se expande para o discernimento comum e, finalmente, se torna verdadeiro discernimento eclesial universal, como fruto da ação do Espírito de Cristo sobre a sua Igreja. Essa comunhão com Deus Pai, Filho e Espírito Santo evitará que se reduza o processo sinodal apenas a um debate político em que cada um lute por sua própria ideia[2]. Assim, o fruto de todo o processo de encontro, escuta e discernimento se fará notar no momento da elaboração das linhas de ação concreta que a comunidade escolherá para que sirva de ajuda e oriente a sua ação, em um processo contínuo de sinodalidade que deve se tornar um movimento caraterístico e permanente em nosso caminhar juntos como Igreja.

O exercício contínuo do discernimento espiritual em comum favorecerá em muito para que se chegue ao consenso da comunidade em torno a temas importantes, como também tornará mais autêntico o momento e o espaço da confirmação da decisão a que se chegou antes, por meio das autoridades competentes. Não esqueçamos que, além dessa confirmação institucional, há de haver também uma confirmação espiritual da parte do próprio Espírito, cujos frutos mais perceptíveis no

---

2. Cf. HOLLERICH, J.-C., *Momento de reflexão para o início do caminho sinodal*, 9 de outubro de 2021.

grupo ou comunidade são o aumento da fé, da esperança e da caridade em seguida à decisão.

Animados por uma espiritualidade da sinodalidade, o caminho de encontro, escuta e discernimento espiritual e comunitário permitirá, assim, que se descubra o chamado que Deus nos faz nas situações históricas e existenciais de nossas realidades particulares, como momento de graça da ação do Espírito Santo, para o bem comum do Povo de Deus. Isso tudo possibilitará que, por meio da prática do caminho sinodal, cheguemos ao momento da implementação das decisões que devemos tomar em nossas comunidades e grupos, com um clima de verdadeira "sincronia entre a comunhão e a participação, entre a corresponsabilidade e a ministerialidade de todos, dando especial atenção à participação efetiva dos leigos no discernimento e na tomada de decisões, potencializando a participação das mulheres"[3]. Tudo isso deverá posteriormente receber uma confirmação apostólica, ou seja, deverá gerar o aumento do vigor missionário da comunidade, o entusiasmo pastoral, o desejo de maior serviço etc.

Para que possamos viver tudo isso, tornando a sinodalidade um estilo de vida de nossas igrejas locais e de toda a Igreja, é fundamental que trabalhemos todos os elementos acima destacados, preparando-nos bem para obter total disponibilidade

---

[3]. Assembleia Especial do Sínodo dos Bispos para a Região Pan-Amazônica, *Amazônia: Novos caminhos para a Igreja e para uma ecologia integral*, Documento Final, n. 92.

em relação à vontade de Deus e favorecendo decisões mais responsáveis e consensuais, com a participação de todos. Não custa recordar que, entre esses elementos característicos do discernimento previsto no percurso sinodal, existem algumas condições que deveriam ser levadas em conta, tais como deixar muito claro, desde o início, o tipo do encontro, escuta e discernimento que a comunidade se propõe a fazer, se se trata de um compartilhar de moções e experiências, a fim de contribuir e aumentar a união e a edificação da comunidade, se queremos que o processo tenha um caráter consultivo ou deliberativo etc. Além disso, é necessário que os temas a serem tratados sejam bem fixados e que se ofereça material informativo com antecedência a todos que irão participar desse exercício, dando tempo suficiente à reflexão pessoal de cada participante, com momentos de silêncio para que todos possam escutar a voz do Espírito a partir do seu coração. Por fim, os encontros devem ser conduzidos por pessoas suficientemente preparadas para dar o verdadeiro sentido espiritual ao percurso que se está fazendo, ajudando a criar uma consciência de que estamos trilhando um caminho sinodal, em nível pessoal e comunitário, humano e espiritual, a fim de chegarmos às condições mais ideais e favoráveis ao discernimento da vontade de Deus, sem esquecer, neste caminho de sinodalidade e caridade fraterna, os mais fracos e pobres da comunidade, por quem Deus costuma falar de modo especial.

Como nos recordou o Sínodo especial sobre a Amazônia, é salutar que continuem a surgir no seio da nossa Igreja e de nossas comunidades as assembleias e os conselhos pastorais em todos os âmbitos eclesiais, assim como as equipes de coordenação dos diversos serviços pastorais e os ministérios confiados aos leigos, pois esses espaços são terrenos férteis para que possamos viver tudo a que a espiritualidade sinodal nos impulsiona, como expressão da corresponsabilidade de todos os batizados na Igreja e do exercício do *sensus fidei* de todo o Povo de Deus, especialmente no que se refere ao fortalecimento e à ampliação dos espaços de participação do laicato, tanto na esfera consultiva como também na tomada de decisão, na vida e na missão da Igreja[4]. Assim, cresceremos na consciência de que não há sentido para a concentração de ministérios na pessoa do presbítero ou do bispo, porque todo cristão, pelo seu batismo, é também um sujeito ativo de evangelização, com a mesma missão de implantar o Reino de Deus em nossas vidas e sociedade[5]. O Concílio Vaticano II o afirmou e o recordaram os bispos da América Latina e Caribe na Assembleia Episcopal de Aparecida, conforme o Papa Francisco nos exorta continuamente a viver, determinado a resgatar o rosto sinodal da Igreja.

Por fim, indubitavelmente, os passos espirituais que abordamos nestas páginas e que somos chamados a percorrer juntos como Igreja sinodal são fundamentais para que cheguemos progressivamente àquela conversão pessoal e comunitária sobre

---

4. Cf. ASSEMBLEIA ESPECIAL DO SÍNODO DOS BISPOS PARA A REGIÃO PAN-AMAZÔNICA, *Amazônia. Novos caminhos para a Igreja e para uma ecologia integral*, Documento Final, n. 94
5. MIRANDA, M. F., *Um cristianismo sinodal em construção...*, 38-39.

a qual procuramos refletir, chegando finalmente a uma vida autenticamente cristã, cuja ação – *práxis* – seja fruto de uma experiência espiritual de encontro, escuta e discernimento, que nos aproximará cada vez mais do projeto e da vontade de Deus e do seu Reino.

REFERÊNCIAS BIBLIOGRÁFICAS

ASSEMBLEIA ESPECIAL DO SÍNODO DOS BISPOS PARA A REGIÃO PAN-AMAZÔNICA. *Amazônia: Novos caminhos para a Igreja e para uma ecologia integral, Documento Final*, 2019.

BARROS, Marcelo de; CARAVIAS, José L. *Teologia da Terra*, Petrópolis, 1988.

BARRUFFO, Antonio. Discernimento, in *Dicionário de Espiritualidade*, São Paulo, Paulus, 1993.

____; BECK, Tomaso; SULLIVAN, Francis A. *L'azione dello Spirito Santo nel discernimento*, Roma, Centro Ignatianum Spiritualitatis, 1983.

BECQUART, Nathalie. *Reflexão bíblica de 27 de abril de 2022*, Secretaria Geral do Sínodo dos Bispos, Reunião plenária, Cidade do Vaticano, 25-29 abr. 2022.

BENTO XVI. *Discurso aos participantes na Congregação Geral da Companhia de Jesus* – jesuítas, 21 fev. 2008.

____. *Reflexões sobre a Peregrinação Apostólica a Colônia por ocasião da Jornada Mundial da Juventude*, Audiência Geral, 24 ago. 2005.

____. *Salmo 119 (118)*, Audiência Geral, 9 nov. 2011.

____. *São Jerônimo*, Audiência Geral, 7 nov. 2007.

BERRY, Thomas. *The Sacred Universe: Earth, Spirituality, and Religion in the Twenty-first Century*, New York, Columbia University Press, 2009.

BORDES, François. "L'écoute: dimensions psychologique et spirituelle", in *Christus*, n. 153 HS.

CASALDÁLIGA, Pedro; VIGIL, José M. *Espiritualidade da Libertação*, Petrópolis, 1996.

CIPRIANI, Settimo. "Alcune linee di spiritualità biblica", in GIOIA, Mario (ed.), *La teologia spirituale*, Roma, 1991.

COMISSÃO TEOLÓGICA INTERNACIONAL. *A sinodalidade na vida e na missão da Igreja*, Cidade do Vaticano, 2018.

CONSELHO PONTIFÍCIO PARA A CULTURA. *Onde está o teu Deus? A fé cristã diante do desafio da indiferença religiosa*, Documento final da Assembleia Plenária, 2004.

DOCUMENTO PREPARATÓRIO da XVI Assembleia Geral Ordinária do Sínodo dos Bispos. *Para uma Igreja sinodal: comunhão, participação e missão*, Cidade do Vaticano, 2021.

FABRIS, Rinaldo et al. *Introduzione generale alla Bibbia*, Torino, Editrice Elle di Ci, 1994.

FRANCISCO. *Carta Encíclica Fratelli Tutti*, Cidade do Vaticano, 3 out. 2020.

____. *Discurso à cúria romana para as felicitações de Natal*, Cidade do Vaticano, 23 dez. 2021.

____. *Discurso de abertura do Sínodo*, Cidade do Vaticano, 9 out. 2021.

____. *Discurso do Papa no Encontro com os Cardeais e Colaboradores da Cúria Romana para a troca de bons votos de Natal*, Cidade do Vaticano, 22 dez. 2014.

_____. *Exortação Apostólica Evangelii Gaudium*, Cidade do Vaticano, 24 nov. 2013.

_____. *Exortação Apostólica Pós-Sinodal Amoris Laetitia*, Cidade do Vaticano, 16 mar. 2016.

_____. *Exortação Apostólica Pós-Sinodal Querida Amazônia*, Cidade do Vaticano, 2 fev. 2020.

_____. *Homilia na celebração da Eucaristia para a abertura do Sínodo sobre Sinodalidade*, Basílica de São Pedro, Cidade do Vaticano, 10 out. 2021.

GONZÁLEZ BUELTA. Benjamin, *Orar en un mundo roto*, Santander, Sal Terrae, 2002.

_____. *Bajar al encuentro de Dios*, Santander, Sal Terrae, 1988.

GRÜN, Anselm. *Spiritualità. Per una vita riuscita*, Milano, San Paolo, 2009.

HOLLERICH, Jean-Claude. *Momento de reflexão para o início do caminho sinodal*, Cidade do Vaticano, 9 out. 2021.

_____. *Momento de reflexão para o início do caminho sinodal*, 9 out. 2021.

Il cuore parla al cuore, John Henry Newman e i Papi, Città del Vaticano, Libreria Editrice Vaticana, 2019.

MARTINI, Carlo Maria. *Farsi prossimo. Uomini e donne che hanno smesso di pensare a se stessi*, Bompiani, 2021.

_____. *Dio educa il suo popolo*, Casale Monferrato, Piemme, 1987.

_____. *Dizionario spirituale. Piccola guida per l'anima*, Casale Monferrato, Piemme, 2001.

_____. *Parole per l'anima*, Casale Monferrato, Piemme, 2017.

MELLONI, Javier. *La mistagogía de los ejercícios*, Bilbao-Santander, Mensajero-Sal Terrae, 2001.

MIRANDA, Mário de França. *Um cristianismo sinodal em construção*, São Paulo, Paulinas, 2022.

MUNDO, in *Diccionario de Espiritualidad Ignaciana*, Madrid, 2007, 1311-1312.

O'NEILL, Edouard. "S'ecouter en Eglise", in *Christus*, n. 198 HS, 2003.

POWELL, John. *Por que tenho medo de amar*, São Paulo, Crescer, 2005.

RAHNER, Karl. *Escritos de Teologia*, vol. III, Madrid, Cristianidad, 2002.

ROCCHETTA, Carlo. *Sacramentaria fondamentale. Dal "mysterion" al "sacramentum"*, Bologna, EDB, 1999.

ROTSAERT, Mark. "L'ecoute dans les Exercices spirituels", in *Christus*, n. 198 HS, 2003.

RUIZ JURADO, Manuel. *Il discernimento spirituale. Teologia, storia, pratica*, Roma, San Paolo, 1997.

RUPNIK, Marko Ivan. *O exame de consciência. Para viver como remidos*, São Paulo, Paulinas, 2009.

SANTO AGOSTINHO. *De vera religione*, 4 vol., 39, 72; *De magistro*, 3 vol., 11, 38.

SANTOS, Adelson Araújo dos. *Amazônia, um lugar teológico. Comentário teológico-espiritual do Documento Final e da Exortação Apostólica "Querida Amazônia"*, São Paulo, Loyola, 2020.

SCHIAVONE, Pietro. *Il discernimento evangelico oggi: Cercare et trovare la volontà di Dio*, ESUR, 1988.

SCHILLEBEECKX, Edward. *Cristo sacramento dell'incontro con Dio*, Milano, San Paolo, 1994.

SÍNODO DOS BISPOS. *Documento Final da XV Assembleia Geral Ordinária: Os Jovens, a Fé e o Discernimento Vocacional*, Cidade do Vaticano, 27 out. 2018.

SORRENTINO, Domenico. *L'esperienza di Dio, disegno di teologia spirituale*, Assisi, Cittadella, 2007.

SPIDLÍK, Tomás. *Ignazio di Loyola e la spiritualità orientale. Guida alla lettura degli Esercizi*, Roma, Studium, 1994.

V CONFERÊNCIA GERAL DO EPISCOPADO LATINO-AMERICANO E DO CARIBE. Documento final, Aparecida, 13-31 maio 2007.

Advertência aos leitores:
Por exigências contratuais, o presente texto do "Instrumentum laboris" para a primeira sessão do sínodo, é reprodução fiel da tradução em língua portuguesa do texto oficial disponibilizada no site https://www.synod.va/en/synodal-process/the-universal-phase/documents.html, (N. do E.).

ANEXO

XVI ASSEMBLEIA GERAL ORDINÁRIA DO SÍNODO DOS BISPOS

INSTRUMENTUM LABORIS

para a Primeira Sessão
(Outubro de 2023)

Sínodo
2021
2024

Por uma Igreja sinodal
comunhão | participação | missão

SUMÁRIO

Prefácio 119
    O percurso até agora 119
    Um instrumento de trabalho para a segunda fase do percurso
    sinodal 124
    A estrutura do texto 128

A. Para uma Igreja sinodal. Uma experiência integral 131
    A 1. Os sinais característicos de uma Igreja sinodal 132
    A 2. Um caminho para a Igreja sinodal: o diálogo no Espírito.... 140

B. Comunhão, missão, participação. Três questões prioritárias para a Igreja sinodal 147
    B 1. Uma comunhão que irradia. Como podemos ser mais
    plenamente sinal e instrumento da união com Deus
    e da unidade do gênero humano? 150
    B 2. Corresponsáveis na missão. Como partilhar dons e tarefas
    ao serviço do Evangelho? 153

B 3. Participação, responsabilidade e autoridade.
Que processos, estruturas e instituições numa Igreja
sinodal missionária?... 156

FICHAS DE TRABALHO PARA A ASSEMBLEIA SINODAL

Introdução 163

Fichas para B 1. Uma comunhão que irradia............................ 171

B 1.1 Como é que o serviço da caridade e o empenho na justiça
e no cuidado da casa comum alimentam a comunhão
numa Igreja sinodal?... 171

B 1.2 Como pode uma Igreja sinodal tornar credível a promessa
de que "o amor e a verdade se encontrarão" (Sl 85,11)?.... 175

B 1.3 Como pode crescer uma relação dinâmica de troca de
dons entre Igrejas?... 179

B 1.4 Como pode uma Igreja sinodal cumprir melhor a sua
missão através de um compromisso ecumênico renovado? 184

B 1.5 Como reconhecer e colher a riqueza das culturas e
desenvolver o diálogo com as religiões à luz do Evangelho? 188

Fichas para B 2. Corresponsáveis na missão................................ 193

B 2.1 Como podemos caminhar juntos para uma consciência
comum do sentido e do conteúdo da missão?..................... 193

B 2.2 O que fazer para que uma Igreja sinodal seja também uma Igreja missionária "toda ministerial"? 197

B 2.3 Como pode a Igreja do nosso tempo cumprir melhor a sua missão através de um maior reconhecimento e promoção da dignidade batismal das mulheres? 202

B 2.4 Como valorizar o Ministério ordenado, na sua relação com os Ministérios batismais, numa perspetiva missionária? 206

B 2.5 Como renovar e promover o Ministério do Bispo numa perspetiva sinodal missionária? 210

Fichas para B 3. Participação, responsabilidade e autoridade...... 217

B 3.1 Como renovar o serviço da autoridade e o exercício da responsabilidade numa Igreja sinodal missionária? 217

B 3.2 Como podemos desenvolver práticas de discernimento e processos de tomada de decisão de uma forma autenticamente sinodal, reforçando o papel de liderança do Espírito? 221

B 3.3 Que estruturas podem ser desenvolvidas para consolidar uma Igreja sinodal missionária? 226

B 3.4 Como configurar instâncias de sinodalidade e colegialidade envolvendo agrupamentos de igrejas locais? 231

B 3.5 Como se pode reforçar a instituição do Sínodo para que seja uma expressão da colegialidade episcopal numa Igreja totalmente sinodal? 236

ABREVIATURAS

AA   Concílio Vaticano II, Decr. *Apostolicam actuositatem* (18 de novembro de 1965)

AG   Concílio Vaticano II, Decr. *Ad gentes* (7 de dezembro de 1965)

CA   São João Paulo II, Cart. Enc. *Centesimus annus* (1º de maio de 1991)

CL   São João Paulo II, Exort. Ap. Post-Sinod. *Christifideles laici* (30 de dezembro de 1988)

CV   Francisco, Exort. Ap. Post-Sinod. *Christus vivit* (25 de março de 2019)

DP   Secreteria Geral do Sínodo, *Para uma Igreja sinodal. Comunhão, participação, missão. Documento Preparatório* (2021)

DEC   Secreteria Geral do Sínodo, *Para uma Igreja sinodal. Comunhão, participação, missão. "Alarga o espaço da tua tenda" (Is 54,2). Documento de Trabalho para a Etapa Continental* (2022)

DV   Concílio Vaticano II, Const. Dogm. *Dei Verbum* (18 de novembro de 1965)

EC   Francisco, Const. Ap. *Episcopalis communio* (15 de setembro de 2018)

EG Francisco, Exort. Ap. *Evangelii gaudium* (24 de novembro de 2013)
FT Francisco, Cart. Enc. *Fratelli tutti* (3 de outubro de 2020)
GS Concílio Vaticano II, Const. Past. *Gaudium et spes* (7 de dezembro de 1965)
IL *Instrumentum Laboris*
LG Concílio Vaticano II, Const. Dogm. *Lumen gentium* (21 de novembro de 1964)
PE Francisco, Const. Ap. *Praedicate Evangelium* (19 de março de 2022)
SC Concílio Vaticano II, Const. *Sacrosanctum Concilium* (4 de dezembro de 1963)
UR Concílio Vaticano II, Decr. *Unitatis redintegratio* (21 de novembro de 1964)

INSTRUMENTUM LABORIS
Prefácio

"O Deus da constância e da consolação vos conceda toda
a união nos mesmos sentimentos, uns com os outros,
segundo a vontade de Cristo Jesus. Assim, tendo como
que um só coração e a uma só voz, glorificareis o Deus
e Pai do nosso Senhor Jesus Cristo" (Rm 15,5-6).

O percurso até agora

1. O Povo de Deus está em movimento desde 10 de outubro de 2021, quando o Papa Francisco convocou toda a Igreja para o Sínodo. Partindo do seu nível mais vital e elementar, as igrejas locais em todo o mundo iniciaram a consulta ao Povo de Deus, começando com a pergunta básica formulada no n. 2 do DP: "como se realiza hoje, a diferentes níveis (do local ao universal) aquele 'caminhar juntos' que permite à Igreja anunciar o Evangelho, em conformidade com a missão que lhe foi confiada; e que passos o Espírito nos convida a dar para crescer como Igreja sinodal?". Os frutos da consulta foram recolhidos a nível diocesano e, em seguida, resumidos e enviados aos Sínodos das Igrejas Católicas Orientais e às Conferências Episcopais. Por sua vez, cada um destes elaborou uma síntese que foi encaminhada à Secretaria Geral do Sínodo.

2. A partir da leitura e análise dos documentos recolhidos, foi elaborado o DEC, a serviço de uma etapa que representa um novo passo no processo sinodal em curso. O DEC foi devolvido às Igrejas locais em todo o mundo, convidando-as a confrontarem-se com ele e, em seguida, a se reunirem e dialogarem nas sete Assembleias continentais. Durante esse período, o trabalho do Sínodo digital também continuou. O objetivo era concentrar-se nas percepções e tensões que ressoavam mais fortemente com a experiência da Igreja em cada continente e identificar, a partir da perspectiva de cada continente, as prioridades a serem abordadas na Primeira Sessão da Assembleia sinodal de outubro de 2023.

3. Este IL foi elaborado com base em todo o material recolhido durante a fase de escuta e, em particular, nos documentos finais das Assembleias continentais. A sua publicação encerra a primeira fase do Sínodo, "Por uma Igreja sinodal: comunhão, participação, missão", e abre a segunda, composta pelas duas sessões[1] nas quais ocorrerá a XVI Assembleia Geral Ordinária do Sínodo dos Bispos (outubro de 2023 e 2024). O seu objetivo será continuar a animar o processo na vida ordinária da Igreja, identificando em quais linhas o Espírito nos convida a caminhar com mais determinação como Povo de Deus. O fruto que pedimos para a próxima Assembleia é que o Espírito inspire a Igreja

---

1. Doravante, por uma questão de brevidade e salvo indicação em contrário, as expressões "Assembleia" e "Assembleia Sinodal" referem-se à sessão de outubro de 2023, ao serviço da qual este IL é colocado.

a caminhar junto como o Povo de Deus em fidelidade à missão que o Senhor lhe confiou. De fato, o objetivo do processo sinodal "não é produzir documentos, mas abrir horizontes de esperança para o cumprimento da missão da Igreja" (DEC 6).

4. O percurso até agora, incluindo especialmente a etapa continental, possibilitou identificar e partilhar as situações particulares vividas pela Igreja em diferentes regiões do mundo. Estas incluem a realidade do excesso de guerras que mancham o nosso mundo com sangue, levando a um apelo para um compromisso renovado pela construção de uma paz justa; a ameaça representada pela mudança climática que implica uma prioridade necessária de cuidar da casa comum; um sistema econômico que produz exploração, desigualdade e uma cultura do descarte; a pressão homogeneizadora do colonialismo cultural que esmaga as minorias; experiência de sofrer perseguição até ao martírio e emigração que progressivamente esvaziam as comunidades, ameaçando a sua própria sobrevivência; o crescente pluralismo cultural que atualmente marca todo o planeta; a experiência de comunidades cristãs que representam minorias dispersas dentro do país em que vivem; experiência de lidar com uma secularização cada vez mais avançada e, por vezes, agressiva, que parece considerar a experiência religiosa irrelevante, mas onde permanece a sede pela Boa Nova do Evangelho. Em muitas regiões, as igrejas são profundamente afetadas pela crise causada por várias formas de abuso: sexual, de poder e de consciência, econômicos e institucionais. Estas são feridas abertas, cujas consequências ainda não foram totalmente tratadas.

Ao pedido de perdão dirigido às vítimas pelos sofrimentos causados, a Igreja deve unir um compromisso crescente de conversão e de reforma, a fim de evitar que situações semelhantes voltem a acontecer no futuro.

5 É nesse contexto, diversificado mas com características globais comuns, que aconteceu o percurso sinodal. À Assembleia Sinodal também será pedido ouvir profundamente as situações nas quais a Igreja vive e realiza sua missão: o que significa caminhar juntos somente ganha a sua urgência missionária quando é perguntado num contexto específico, com pessoas e situações reais em mente. Está em jogo a capacidade de proclamar o Evangelho caminhando juntamente com os homens e as mulheres de nosso tempo, onde quer que estejam, e praticando a catolicidade que emerge do caminhar junto com as igrejas que vivem em condições de sofrimento particular (cf. LG 23).

6 Na Assembleia Sinodal, trazemos os frutos colhidos durante a fase de escuta. Em primeiro lugar, experimentamos a alegria expressa no encontro sincero e respeitoso entre irmãos e irmãs na fé: encontrar-se com o outro é encontrar o Senhor que está no meio de nós! Assim, pudemos tocar com nossas próprias mãos a catolicidade da Igreja, que, na variedade de idades, sexos e condições sociais, manifesta uma riqueza extraordinária de carismas e vocações eclesiais, e é guardiã de um tesouro de diferenças de idiomas, culturas, expressões litúrgicas e tradições teológicas. De fato, essa rica diversidade é o dom de cada Igreja local para todas as outras (cf. LG 13), e a dinâmica sinodal é uma maneira de apreciar e aprimorar essa rica diversidade sem

esmagá-la em uniformidade. Da mesma forma, descobrimos que há questões partilhadas, mesmo que a sinodalidade seja vivenciada e compreendida de várias maneiras em diferentes partes do mundo, com base numa herança comum da Tradição apostólica. Parte do desafio da sinodalidade é discernir o nível em que é mais apropriado abordar cada questão. Certas tensões são igualmente partilhadas. Não nos devemos assustar com elas, nem tentar resolvê-las a qualquer custo, mas sim nos envolver num discernimento sinodal contínuo. Somente dessa forma essas tensões se podem tornar fontes de energia e não cair em polarizações destrutivas.

7 A primeira fase renovou a nossa consciência de que a nossa identidade e vocação é nos tornarmos uma Igreja cada vez mais sinodal: caminhar juntos, ou seja, tornar-se sinodal é o caminho para nos tornarmos verdadeiramente discípulos e amigos daquele Mestre e Senhor que disse de si mesmo: "Eu sou o caminho" (Jo 14,6). Também hoje constitui um desejo profundo: tendo experimentado isso como um dom, queremos continuar a fazê-lo, conscientes de que este caminho se realizará no último dia, quando, pela graça de Deus, nos tornaremos parte daquela multidão assim descrita no Apocalipse: "Vi uma multidão imensa, que ninguém podia contar, gente de todas as nações, tribos, povos e línguas. Estavam de pé diante do trono e do Cordeiro; vestiam túnicas brancas e traziam palmas na mão. Todos proclamavam com voz forte: 'A salvação pertence ao nosso Deus, que está sentado no trono, e ao Cordeiro'" (Ap 7,9-10). Esse texto nos dá a imagem de uma Igreja na qual reina a perfeita comunhão entre

todas as diferenças que a compõem, diferenças essas que são mantidas e unidas na única missão que ainda precisa ser cumprida: participar da liturgia de louvor que, de todas as criaturas, por meio de Cristo, se eleva ao Pai na unidade do Espírito Santo.

8 À intercessão destas irmãs e destes irmãos, que já estão vivendo a plena comunhão dos santos (cf. LG 50), e especialmente àquela que é a primeira em suas fileiras (cf. LG 63), Maria, Mãe da Igreja, confiamos o trabalho da Assembleia e a continuação de nosso compromisso com uma Igreja sinodal. Pedimos que a Assembleia seja um momento de efusão do Espírito, mas, mais ainda, que a graça nos acompanhe quando chegar o momento de colocar seus frutos em ação na vida cotidiana das comunidades cristãs em todo o mundo.

Um instrumento de trabalho para a segunda fase do processo sinodal

9 As novidades que marcam o Sínodo 2021-2024 são inevitavelmente refletidas no significado e na dinâmica da Assembleia Sinodal e, portanto, na estrutura do Instrumentum Laboris (IL) que está ao serviço da sua realização. Em particular, a longa fase preparatória já levou à produção de uma multiplicidade de documentos: DP, sínteses das Igrejas locais, DEC e Documentos finais das Assembleias continentais. Dessa forma, foi estabelecido um circuito de comunicação entre as Igrejas locais e entre estas e a Secretaria Geral do Sínodo. O atual IL não anula os documentos anteriores nem absorve toda a sua riqueza,

mas está enraizado neles e se refere continuamente a eles: na preparação para a Assembleia, pede-se aos Membros do Sínodo que tenham em mente os documentos anteriores, em particular o DEC e os Documentos finais das Assembleias continentais, bem como o relatório do Sínodo digital, e que os utilizem como ferramentas para seu próprio discernimento. Em particular, os Documentos finais das Assembleias continentais são particularmente valiosos por manterem a realidade concreta dos diferentes contextos e os desafios colocados por cada um deles: o trabalho comum da Assembleia sinodal não pode prescindir deles. Os muitos recursos reunidos na seção dedicada do site do Sínodo 2021-2024, www.synod.va, também podem ser úteis, em particular a Const. Ap. Episcopalis communio e os dois documentos da Comissão Teológica Internacional, Sinodalidade na vida e missão da Igreja (2018) e O sensus fidei na vida da Igreja (2014).

10 Dada a abundância de material já disponível, o IL foi concebido como um auxílio prático para a condução da Assembleia Sinodal em outubro de 2023 e, portanto, para a sua preparação. Ainda mais válido para o IL é a descrição dada ao DEC: "não é um documento do Magistério da Igreja, nem o relatório de um inquérito sociológico; não oferece a formulação de indicações operativas, de metas e objetivos, nem a completa elaboração de uma visão teológica" (n. 8). Isso é inevitável, uma vez que o IL faz parte de um processo inacabado. No entanto, o IL dá um passo além do DEC, baseando-se nas percepções da primeira fase e agora no trabalho dos Assembleias continentais,

articulando algumas das prioridades que surgiram ao ouvir o Povo de Deus, mas evita apresentá-las como afirmações ou posições. Em vez disso, ele as expressa como perguntas dirigidas à Assembleia sinodal. Este órgão terá a tarefa de discernir os passos concretos que possibilitam o crescimento contínuo de uma Igreja sinodal, passos que depois submeterá ao Santo Padre. Só então se completará essa dinâmica particular de escuta, na qual "cada um tem algo a aprender. Povo fiel, Colégio episcopal, Bispo de Roma: cada um à escuta dos outros; e todos à escuta do Espírito Santo, o 'Espírito da verdade' (Jo 14,17), para conhecer aquilo que Ele 'diz às Igrejas' (Ap 2,7)"[2]. Assim sendo, o objetivo do IL não é ser um primeiro esboço do Documento Final da Assembleia Sinodal, apenas para ser corrigido ou emendado. Em vez disso, delineia uma compreensão inicial da dimensão sinodal da Igreja, com base na qual um discernimento posterior pode ser feito. Os Membros da Assembleia Sinodal são os principais destinatários do IL, que também é tornado público não apenas por motivos de transparência, mas como uma contribuição para a implementação de iniciativas eclesiais. Em particular, pode incentivar a participação na dinâmica sinodal ao nível local e regional, enquanto se aguarda o resultado da Assembleia de outubro. Isso fornecerá mais material sobre o qual as Igrejas locais serão chamadas a orar, refletir, agir e dar a sua própria contribuição.

---

2. FRANCISCO, Discurso para a comemoração do cinquentenário da instituição do Sínodo dos Bispos, 17 de outubro de 2015 (cf. DP 15).

11 As perguntas que o IL apresenta são uma expressão da riqueza do processo do qual foram extraídas: elas trazem a marca dos nomes e rostos particulares daqueles que participaram e testemunham a experiência de fé do Povo de Deus, revelando assim a realidade de uma experiência transcendente. Desse ponto de vista, indicam um horizonte em direção ao qual somos convidados a viajar com confiança, aprofundando a prática sinodal da Igreja. A primeira fase nos permite compreender a importância de tomar a igreja local como um ponto de referência privilegiado[3], como o lugar teológico onde os Batizados experimentam, em termos práticos, o caminhar juntos. Entretanto, isso não nos leva a um fechamento. Nenhuma igreja local pode viver fora dos relacionamentos que a unem a todas as outras, incluindo o relacionamento particular com a Igreja de Roma, à qual foi confiado o serviço da unidade por meio do ministério de seu Pastor, que convocou toda a Igreja em Sínodo.

12 Esse foco nas igrejas locais exige que se tenha em conta a variedade e diversidade de culturas, idiomas e modos de expressão. Em particular, as mesmas palavras – pensemos, por exemplo, em autoridade e liderança – podem ter ressonâncias e conotações muito diferentes em diferentes áreas linguísticas e culturais, especialmente quando, em alguns contextos, um termo está associado a precisas abordagens teóricas ou ideológicas. O IL se esforça por evitar a linguagem que fomente a divisão, na

---

3. A expressão "Igreja local" aqui indica o que o Código de Direito Canônico chama de "Igreja particular".

esperança de promover um melhor entendimento entre os membros da Assembleia sinodal que vêm de diferentes regiões ou tradições. A visão do Vaticano II é o ponto de referência partilhado, a partir da catolicidade do Povo de Deus, em virtude da qual "cada uma das partes traz às outras e a toda a Igreja os seus dons particulares, de maneira que o todo e cada uma das partes aumentem pela comunicação mútua entre todos e pela aspiração comum à plenitude na unidade, [...] sem detrimento do primado da cátedra de Pedro, que preside à universal assembleia da caridade, protege as legítimas diversidades e vigia para que as particularidades ajudem a unidade e de forma alguma a prejudiquem" (LG 13). Essa catolicidade se realiza na relação de mútua interioridade entre a Igreja universal e as Igrejas locais, nas quais e a partir das quais "existe a Igreja católica, una e única" (LG 23). O processo sinodal, que na primeira fase se desenrolou nas Igrejas locais, está agora na sua segunda fase, com a realização das duas sessões da XVI Assembleia Geral Ordinária do Sínodo dos Bispos.

A estrutura do texto

13 Este IL está dividido em duas seções, que correspondem à articulação das tarefas das Assembleias continentais (e, portanto, aos conteúdos dos relativos Documentos finais): em primeiro lugar, proceder a uma releitura do caminho percorrido durante a primeira fase, a fim de identificar o que a Igreja de cada continente aprendeu com a experiência sobre a maneira de viver a dimensão sinodal ao serviço da missão; em seguida, discernir

as ressonâncias produzidas nas Igrejas locais do continente pela comparação com o DEC, a fim de identificar as prioridades sobre as quais continuar o discernimento durante a Assembleia Sinodal.

14 A Seção A do IL, intitulada "Para uma Igreja sinodal", procura reunir os frutos do caminho percorrido até agora. Em primeiro lugar, delineia uma série de características fundamentais ou marcas distintivas de uma Igreja sinodal. Em seguida, articula a consciência de que uma Igreja sinodal também é marcada por uma maneira particular de proceder. De acordo com o resultado da primeira fase, o diálogo no Espírito é essa maneira de proceder. Sobre os frutos desta releitura a Assembleia será convidada a reagir com o objetivo de os esclarecer e precisar. A Seção B deste IL, intitulada "Comunhão, missão, participação"[4], articula, na forma de três perguntas, as prioridades que emergem do trabalho de todos os continentes, apresentando-as ao discernimento da Assembleia. A fim de auxiliar o processo de trabalho da Assembleia sinodal, especialmente os trabalhos em grupo (Circuli Minores), são propostas cinco folhas de trabalho para cada uma das três prioridades, permitindo que sejam abordadas a partir de diferentes perspectivas.

15 As três prioridades da seção B, desenvolvidas por meio das respectivas Fichas de trabalho, abrangem tópicos amplos de grande relevância. Muitos poderiam ser objeto de todo um Sínodo, e alguns já o foram. Em vários casos, as intervenções

---

4. A seção B oferecerá as razões para a inversão da ordem com relação ao subtítulo do Sínodo: cf. infra n. 44.

do Magistério também são numerosas e bem definidas. Durante a Assembleia, elas não podem ser tratadas extensivamente nem, acima de tudo, devem ser consideradas independentemente umas das outras. Em vez disso, elas devem ser abordadas a partir da sua relação com o real tema dos trabalhos, ou seja, a Igreja sinodal. Por exemplo, as referências à urgência de dedicar atenção adequada às famílias e aos jovens não têm o objetivo de estimular um novo tratamento do ministério da família ou dos jovens. O seu objetivo é ajudar a focar como a implementação das conclusões das Assembleias sinodais de 2015 e 2018 e as orientações das Exortações Apostólicas Pós-sinodais subsequentes, Amoris laetitia e Christus vivit, representa uma oportunidade de caminharmos juntos como uma Igreja capaz de acolher e acompanhar, aceitando as mudanças necessárias nas regras, estruturas e procedimentos. O mesmo se aplica a muitas outras questões que emergem nas Fichas de trabalho.

16 O compromisso solicitado à Assembleia e a seus Membros será o de manter um equilíbrio dinâmico entre manter uma visão geral, que caracteriza a seção A, e a identificação de medidas práticas a serem tomadas de forma concreta e oportuna, que é o foco da seção B deste texto. Disso dependerá a fecundidade do discernimento da Assembleia sinodal, cuja tarefa será abrir toda a Igreja para acolher a voz do Espírito Santo. Uma inspiração para esse trabalho pode vir da reflexão sobre a articulação da Const. Past. Gaudium et Spes, que "consiste em duas partes", diferentes em caráter e foco, mas que se tornam "um todo unificado" (GS, nota de rodapé 1).

A. PARA UMA IGREJA SINODAL

Uma experiência integral

> "Há diversidade de carismas, mas o Espírito é o mesmo;
> há diversidade de serviços, mas o Senhor é o mesmo;
> há diversidade de atividades, mas é o mesmo Deus que
> realiza tudo em todos. A cada um é dada a manifestação
> do Espírito para o bem comum" (1Cor 12,4-7).

17 Um traço comum que une as descrições das etapas da primeira fase: é a surpresa expressa pelos participantes que se encontraram perante algo inesperado que superou as suas expectativas. Para quem participa, o processo sinodal oferece uma oportunidade de encontro na fé que faz crescer o vínculo com o Senhor, a fraternidade entre as pessoas e o amor pela Igreja, não apenas ao nível individual, mas envolvendo e dinamizando toda a comunidade. A experiência é a de um horizonte de esperança que se abre para a Igreja, um sinal claro da presença e da ação do Espírito que a guia através da história no seu caminho rumo ao Reino (cf. LG 5): "O protagonista do Sínodo é o Espírito Santo"[5]. Desta forma, quanto mais intensamente foi

---

5. FRANCISCO, Momento de reflexão para o início do percurso sinodal, 9 de outubro de 2021.

aceite o convite para caminhar juntos, mais o Sínodo se tornou um caminho no qual o Povo de Deus prossegue com entusiasmo, mas sem ingenuidade. De fato, os problemas, as resistências, as dificuldades e as tensões não são escondidos ou dissimulados, mas identificados e nomeados graças a um contexto de diálogo autêntico que permite falar e ouvir com liberdade e sinceridade. Questões que muitas vezes são colocadas de maneira adversa, ou para as quais a vida da Igreja hoje carece de um lugar de aceitação e discernimento, podem ser abordadas de maneira evangélica dentro do processo sinodal.

18 Um termo tão abstrato ou teórico como sinodalidade começou assim a encarnar-se numa experiência concreta. A partir da escuta do Povo de Deus, surge uma apropriação e uma compreensão progressivas da sinodalidade "a partir de dentro", que não deriva da enunciação de um princípio, de uma teoria ou de uma fórmula, mas se desenvolve a partir de uma disposição para entrar numa dinâmica de palavra construtiva, respeitosa e orante, de escuta e diálogo. Na raiz desse processo está a aceitação, tanto pessoal como comunitária, de algo que é tanto um dom quanto um desafio: ser uma Igreja de irmãs e irmãos em Cristo que se escutam mutuamente e que, ao fazê-lo, são gradualmente transformados pelo Espírito.

A 1. Os sinais característicos de uma Igreja sinodal

19 Dentro desta compreensão integral, surge a consciência de certas características ou sinais distintivos de uma

Igreja sinodal. Estas são convicções partilhadas sobre as quais nos devemos debruçar e refletir juntos ao empreendermos um caminho que continuará a clarificá-las e a precisá-las, a partir do trabalho da Assembleia sinodal.

20 É isso que emerge com grande força de todos os continentes: a consciência de que uma Igreja sinodal se funda no reconhecimento da dignidade comum derivada do Batismo, que torna todos os que o recebem filhos e filhas de Deus, membros da família de Deus e, portanto, irmãos e irmãs em Cristo, habitados pelo único Espírito e enviados para cumprir uma missão comum. Na linguagem de Paulo, "todos nós – judeus e gregos, escravos e homens livres – fomos batizados num só Espírito, para sermos um só corpo e a todos nos foi dado a beber um só Espírito" (1Cor 12,13). Assim, o Batismo cria uma verdadeira corresponsabilidade entre todos os membros da Igreja, que se manifesta na participação de todos, com os carismas de cada um, na missão da Igreja e na edificação da comunidade eclesial. Uma Igreja sinodal não pode ser entendida senão no horizonte da comunhão, que é sempre também uma missão de proclamar e encarnar o Evangelho em todas as dimensões da existência humana. A comunhão e a missão se nutrem da participação comum na Eucaristia, que faz da Igreja um corpo "ajustado e unido" (Ef 4,16) em Cristo, capaz de caminhar em conjunto rumo ao Reino.

21 Enraizado nessa consciência está o desejo de uma Igreja que também seja cada vez mais sinodal em suas instituições, estruturas e procedimentos, de modo a constituir um espaço no qual a dignidade batismal comum e a corresponsabilidade pela missão não sejam apenas afirmadas, mas exercidas e praticadas. Nesse espaço, o exercício da autoridade na Igreja é apreciado como um dom, com o desejo de que seja cada vez mais configurado como "um verdadeiro serviço, significativamente chamado 'diaconia' ou ministério na Sagrada Escritura" (LG 24), seguindo o modelo de Jesus, que se abaixou para lavar os pés de seus discípulos (cf. Jo 13,1-11).

22 "Uma Igreja sinodal é uma Igreja que escuta"[6]: esta consciência é fruto da experiência do caminho sinodal, que é uma escuta do Espírito por meio da escuta da Palavra, da escuta dos acontecimentos da história e da escuta mútua como indivíduos e entre as comunidades eclesiais, desde o nível local até os níveis continental e universal. Para muitos, a grande surpresa foi a experiência de serem ouvidos pela comunidade, em alguns casos pela primeira vez, recebendo assim o reconhecimento de seu valor humano único, que testemunha o amor do Pai por cada um de seus filhos e filhas. A experiência de ouvir e ser ouvido desta forma não serve apenas a uma função prática, mas também tem uma profundidade teológica e eclesial, pois segue o exemplo de como Jesus ouviu as pessoas que encontrou. Este estilo de ouvir precisa marcar e transformar todos os relacionamentos que a comunidade cristã estabelece entre seus membros, bem como com outras comunidades religiosas e com a sociedade como um todo, especialmente em relação àqueles cuja voz é mais frequentemente ignorada.

---

6. Francisco, Discurso por ocasião da comemoração do 50º aniversário da instituição do Sínodo dos Bispos, 17 de outubro de 2015.

23 Como Igreja comprometida em ouvir, uma Igreja sinodal deseja ser humilde e sabe que deve pedir perdão e que tem muito a aprender. Alguns relatórios observaram que o caminho sinodal é necessariamente penitencial, reconhecendo que nem sempre vivemos a dimensão sinodal constitutiva da comunidade eclesial. O rosto da Igreja hoje traz os sinais de graves crises de confiança e de credibilidade. Em muitos contextos, crises relacionadas com abusos sexuais e abusos de poder, dinheiro e consciência levaram a Igreja a um exigente exame de consciência para que, "sob a ação do Espírito Santo, não cesse de se renovar" (LG 9), num caminho de arrependimento e conversão que abre percursos de reconciliação, cura e justiça.

24 Uma Igreja sinodal é uma Igreja do encontro e do diálogo. No caminho que percorremos, esse aspecto da sinodalidade emerge com força especial em relação a outras Igrejas e Comunidades eclesiais, às quais estamos unidos pelo vínculo de um só Batismo. O Espírito, que é "o princípio da unidade da Igreja" (UR 2), está atuando nessas Igrejas e Comunidades eclesiais e nos convida a trilhar caminhos de conhecimento mútuo, de partilha e construção de uma vida comum. A nível local, emerge com força a importância do que já está sendo feito em conjunto com membros de outras Igrejas e Comunidades eclesiais, especialmente como um testemunho comum em contextos socioculturais que são hostis até o ponto da perseguição – este é o ecumenismo do martírio – e perante a emergência ecológica. Em todos os lugares, em sintonia com o Magistério do Concílio Vaticano II, emerge o profundo desejo de aprofundar o caminho

ecumênico: uma Igreja autenticamente sinodal não pode deixar de envolver todos aqueles que partilham o único Batismo.

25 Uma Igreja sinodal é chamada a praticar a cultura do encontro e do diálogo com os fiéis de outras religiões e com as culturas e sociedades nas quais está inserida, mas, acima de tudo, entre as muitas diferenças que atravessam a própria Igreja. Esta Igreja não tem medo da variedade que comporta, mas a valoriza sem forçá-la à uniformidade. O processo sinodal tem sido uma oportunidade de começar a aprender o que significa viver a unidade na diversidade, um ponto fundamental a ser explorado, confiando que o caminho se tornará mais claro à medida que avançarmos. Portanto, uma Igreja sinodal promove a passagem do "eu" para o "nós". É um espaço no qual ressoa uma chamada para sermos membros de um corpo que valoriza a diversidade, mas que é unificado pelo Espírito. É o Espírito que nos impele a ouvir o Senhor e a responder-lhe como um povo ao serviço da missão única de proclamar a todas as nações a salvação oferecida por Deus em Cristo Jesus. Isso acontece numa grande diversidade de contextos: ninguém é solicitado a deixar o seu próprio contexto, mas sim a entendê-lo e a entrar nele mais profundamente. Regressando a esta visão após a experiência da primeira fase, a sinodalidade aparece, antes de tudo, como um dinamismo que anima comunidades locais concretas. Passando para o nível mais universal, este impulso abrange todas as dimensões e realidades da Igreja, num movimento de catolicidade autêntica.

26 Vivida numa diversidade de contextos e culturas, a sinodalidade prova ser uma dimensão constitutiva da Igreja

desde a sua origem, mesmo que ainda esteja em processo de realização. De fato, ela pressiona para ser implementada cada vez mais plenamente, expressando uma chamada radical à conversão, à mudança, à oração e à ação que é para todos. Neste sentido, uma Igreja sinodal é aberta, acolhedora e abraça a todos. Não há fronteira que este movimento do Espírito não sinta dever ultrapassar, para atrair todos ao seu dinamismo. A natureza radical do cristianismo não é prerrogativa de algumas vocações específicas, mas a chamada para construir uma comunidade que viva e dê testemunho de uma maneira diferente de entender o relacionamento entre as filhas e os filhos de Deus, uma maneira que incarne a verdade do amor, que se baseie no dom e na gratuidade. A chamada radical é, portanto, para construirmos juntos, sinodalmente, uma Igreja atraente e concreta: uma Igreja em saída, na qual todos se sintam bem-vindos.

27 Ao mesmo tempo, uma Igreja sinodal confronta, honesta e destemidamente, o chamado para uma compreensão mais profunda da relação entre o amor e a verdade, de acordo com o convite de São Paulo: "testemunhando a verdade no amor, em tudo cresçamos para Cristo, que é a cabeça. É por Ele que o corpo inteiro, bem ajustado e unido por meio de toda a espécie de articulações que o sustentam, realiza o seu crescimento, de acordo com a atividade própria de cada membro, a fim de se edificar a si próprio no amor" (Ef 4,15-16). Para incluir autenticamente todos, é necessário entrar no mistério de Cristo, permitindo ser formado e transformado pela maneira como ele viveu a relação entre amor e verdade.

28 Característica de uma Igreja sinodal é a capacidade de administrar as tensões sem ser esmagada por elas, experimentando-as como um impulso para aprofundar o modo como a comunhão, a missão e a participação são vividas e compreendidas. A sinodalidade é um caminho privilegiado de conversão, porque reconstitui a Igreja na unidade: cura suas feridas e reconcilia a sua memória, acolhe as diferenças que comporta e a redime das divisões que se inflamam, permitindo-lhe assim encarnar mais plenamente sua vocação de ser "em Cristo, [...] como que o sacramento, ou sinal, e o instrumento da íntima união com Deus e da unidade de todo o género humano" (LG 1). A escuta autêntica e a capacidade de encontrar maneiras de continuar caminhando juntos para além da fragmentação e da polarização são indispensáveis para que a Igreja permaneça viva e vital e seja um sinal poderoso para as culturas de nosso tempo.

29 Tentar caminhar juntos também nos coloca em contato com a saudável inquietação da incompletude, com a consciência de que ainda há muitas coisas cujo peso não somos capazes de carregar (cf. Jo 16,12). Isso não é um problema a ser resolvido, mas sim um dom a ser cultivado. Estamos diante do inesgotável e santo mistério de Deus e devemos permanecer abertos às suas surpresas enquanto caminhamos pela história em direção ao Reino (cf. LG 8). Isto também se aplica às questões que o processo sinodal trouxe à tona. Como primeiro passo, elas exigem escuta e atenção, sem pressa de oferecer soluções imediatas.

30 Carregar o peso destas questões não deve ser o fardo pessoal daqueles que ocupam certos papéis, com o risco de serem esmagados por elas, mas uma tarefa para toda a comunidade, cuja vida relacional e sacramental é frequentemente a resposta imediata mais eficaz. É por isso que uma Igreja sinodal se nutre incessantemente na fonte do mistério que celebra na liturgia, "a meta para a qual se encaminha a ação da Igreja e a fonte de onde dimana toda a sua força" (SC 10), e em particular na Eucaristia.

31 Uma vez que a ansiedade do limite é superada, a inevitável incompletude de uma Igreja sinodal e a prontidão de seus membros para abraçar as suas vulnerabilidades se tornam o espaço para a ação do Espírito, que nos convida a reconhecer os sinais de sua presença. É por isso que uma Igreja sinodal é também uma Igreja do discernimento, na riqueza de significados que esse termo assume dentro das diferentes tradições espirituais. A primeira fase permitiu que o Povo de Deus começasse a experimentar o discernimento por meio da prática do diálogo no Espírito. Ao ouvir atentamente a experiência vivida por cada um de nós, crescemos em respeito mútuo e começamos a discernir os movimentos do Espírito de Deus na vida dos outros e na nossa própria vida. Dessa forma, começamos a prestar mais atenção "ao que o Espírito diz às Igrejas" (Ap 2,7), no compromisso e na esperança de nos tornarmos uma Igreja cada vez mais capaz de tomar decisões proféticas que sejam fruto da orientação do Espírito.

A 2. Um caminho de proceder para a Igreja sinodal: o diálogo no Espírito

32. Em todos os continentes, houve o reconhecimento da fecundidade do método aqui chamado de "diálogo no Espírito", adotado durante a primeira fase e referido em alguns documentos como "conversação espiritual" ou "método sinodal" (cf. figura na pág. 145).

33. Em seu sentido etimológico, o termo "diálogo" não indica uma troca genérica de ideias, mas uma dinâmica na qual a palavra pronunciada e ouvida gera familiaridade, permitindo que os participantes se aproximem uns dos outros. A especificação "no Espírito" identifica o autêntico protagonista: o desejo dos que conversam tende a ouvir a Sua voz e, na oração, eles se abrem à ação livre d'Aquele que, como o vento, sopra onde quer (cf. Jo 3,8). Gradualmente, o diálogo entre irmãos e irmãs na fé abre espaço para o consenso, ou seja, para a concordância conjunta com a voz do Espírito. Não se trata de um diálogo no Espírito se não houver um passo adiante numa direção precisa, muitas vezes inesperada, que aponte para uma ação concreta.

34. Nas igrejas locais que a praticaram durante a primeira fase, o diálogo no Espírito foi "descoberto" como proporcionando a atmosfera que torna possível o partilhar das experiências de vida e o espaço para o discernimento numa Igreja sinodal. Nos Documentos finais das Assembleias continentais, é descrito como um momento pentecostal, como uma oportunidade de experimentar ser Igreja e passar da escuta de nossos irmãos e irmãs em Cristo para a escuta do Espírito, que é o autêntico protagonista, e ser enviado em missão por Ele. Ao mesmo tempo, por meio desse método, a graça da Palavra e da Eucaristia se torna uma realidade sentida, atualizada e transformadora, que atesta e realiza a iniciativa pela qual o Senhor Jesus se faz presente e ativo na Igreja. Cristo nos envia em missão e nos reúne à volta de si para dar graças e glória ao Pai no Espírito Santo. Por isso, de todos os continentes vem o pedido de que esse método possa animar e informar cada vez mais a vida cotidiana das Igrejas.

35 O diálogo no Espírito faz parte de uma longa tradição de discernimento eclesial, que produziu uma pluralidade de métodos e abordagens. Seu preciso valor missionário deve ser enfatizado. Essa prática espiritual nos permite passar do "eu" para o "nós": ela não perde de vista ou apaga a dimensão pessoal do "eu", mas a reconhece e a insere na dimensão comunitária. Dessa forma, permitir que os participantes falem e ouçam torna-se uma expressão de liturgia e oração, na qual o Senhor se faz presente e nos atrai para formas cada vez mais autênticas de comunhão e discernimento.

36 No Novo Testamento, há inúmeros exemplos desse modo de conversar. Um exemplo paradigmático é o relato do encontro do Senhor ressuscitado com os dois discípulos de Emaús (cf. Lc 24,13-35 e a explicação dada em CV 237). Como demonstra a sua experiência, o diálogo no Espírito constrói a comunhão e traz dinamismo missionário: os dois, de fato, regressam à comunidade que tinham deixado para partilhar a proclamação pascal de que o Senhor ressuscitou.

37 Na sua realidade concreta, o diálogo no Espírito pode ser descrito como uma oração partilhada em vista do

discernimento comunitário, para o qual os participantes se preparam por meio de reflexão e meditação pessoal. Oferecem uns aos outros o dom de uma palavra meditada, alimentada pela oração, e não uma opinião improvisada na hora. A dinâmica entre os participantes articula três etapas fundamentais. A primeira é dedicada a cada pessoa que toma a palavra, partindo de sua própria experiência relida em oração durante o período de preparação. Os outros ouvem, sabendo que cada um tem uma contribuição valiosa a oferecer e se abstêm de debates ou discussões.

38. O silêncio e a oração ajudam a preparar a próxima etapa, na qual cada pessoa é convidada a abrir dentro de si um espaço para os outros e para o Outro. Mais uma vez, cada pessoa toma a palavra: não para reagir ou se opor ao que ouviu, reafirmando sua própria posição, mas para expressar o que, a partir de sua escuta, a tocou mais profundamente e o que a desafiou mais fortemente. Os traços interiores que resultam da escuta das irmãs e dos irmãos são a linguagem com a qual o Espírito Santo faz ressoar sua própria voz: quanto mais cada participante tiver sido nutrido pela meditação da Palavra e dos Sacramentos, crescendo em familiaridade com o Senhor, mais ele ou ela será capaz de reconhecer o som de Sua voz (cf. Jo 10,14.27), auxiliado também pelo acompanhamento do Magistério e da teologia. Da mesma forma, quanto mais intencional e cuidadosamente os participantes atenderem à voz do Espírito, mais eles crescerão num sentido partilhado e aberto à missão.

39. A terceira etapa, novamente numa atmosfera de oração e sob a orientação do Espírito Santo, é identificar os

pontos-chave que surgiram e construir um consenso sobre os frutos do trabalho conjunto, que cada pessoa considera fiel ao processo e pelo qual pode, portanto, sentir-se representada. Não basta elaborar um relatório enumerando os pontos mais mencionados. Em vez disso, é necessário discernimento, que também preste atenção às vozes marginais e proféticas e não ignore a importância dos pontos em que surgem discordâncias. O Senhor é a pedra angular que permitirá que a "construção" permaneça de pé e o Espírito, o mestre da harmonia, ajudará a passar da cacofonia para a sinfonia.

40 O percurso leva a uma oração de louvor a Deus e gratidão pela experiência realizada. "Quando vivemos a mística de nos aproximar dos outros com a intenção de procurar o seu bem, ampliamos o nosso interior para receber os mais belos dons do Senhor. Cada vez que nos encontramos com um ser humano no amor, nos colocamos na condição de descobrir algo de novo sobre Deus. Cada vez que os nossos olhos se abrem para reconhecer o outro, ilumina-se mais a nossa fé para reconhecer a Deus" (EG 272). Em síntese, esta é a dádiva recebida por aqueles que se deixam envolver num diálogo no Espírito.

41 Em situações concretas, nunca é possível seguir esse padrão à risca. Em vez disso, ele deve ser sempre adaptado. Às vezes é necessário dar prioridade para que cada um tome a palavra e ouça os outros; noutras circunstâncias, para que se evidenciem os vínculos entre as diferentes perspectivas, em busca do que faz "nossos corações arderem" (cf. Lc 24,32); noutras ainda, para que se busque o consenso e se trabalhe em

conjunto para identificar a direção em que o grupo ou a comunidade se sente chamada a seguir pelo Espírito. Mas, além das adaptações concretas apropriadas, a intenção e o dinamismo que unem as três etapas são e permanecem característicos do modo de proceder de uma Igreja sinodal.

42 Tendo em conta a importância do diálogo no Espírito para animar a experiência vivida pela Igreja sinodal, a formação nesse método e, em particular, de facilitadores capazes de acompanhar as comunidades na sua prática, é percebida como uma prioridade em todos os níveis da vida eclesial e para todos os Batizados, começando pelos Ministros ordenados, num espírito de corresponsabilidade e abertura para diferentes vocações eclesiais. A formação para o diálogo no Espírito é a formação para ser uma Igreja sinodal.

O diálogo no Espírito
Uma dinâmica de discernimento na Igreja Sinodal

PREPARAÇÃO PESSOAL
Confiando-se ao Pai, dialogando em oração com o Senhor Jesus e escutando o Espírito Santo, cada um prepara sua própria contribuição sobre a questão para a qual foi chamado a discernir.

Silêncio, oración y escucha; de la Palabra de Dios

"Tomar a palavra e escutar"
Todos se revezam para falar de suas próprias experiências e orações, e ouvem atentamente a contribuição dos outros.

Silêncio e oração

"Abrir espaço para os outros e para o Outro"
Cada um compartilha, a partir do que os outros disseram, o que mais ressoou com ele ou o que despertou mais resistência nele, permitindo que ele seja guiado pelo Espírito Santo: «*Quando, ao escutar, meu coração ardia em meu peito?*»

Silêncio e oração

"Construindo juntos"
Dialogamos juntos a partir do que surgiu anteriormente para discernir e colher os frutos da conversa no Espírito: reconhecendo percepções e convergências; identificando discordâncias, obstáculos e outras perguntas; permitindo o surgimento de vozes proféticas. É importante que todos possam se sentir representados pelo resultado do trabalho. "*Que passos o Espírito Santo está nos chamando a dar juntos?*"

Oração final de ação de graças

B. COMUNHÃO, MISSÃO, PARTICIPAÇÃO

Três questões prioritárias para a Igreja Sinodal

> "Como, num só corpo, temos muitos membros, cada qual com uma função diferente, assim nós, embora muitos, somos em Cristo um só corpo e, cada um de nós, membros uns dos outros" (Rm 12,4-5).

43 Entre os frutos da primeira fase, e em particular das Assembleias continentais, também graças ao modo de proceder que acabámos de delinear, foram identificadas três prioridades que agora são propostas à Assembleia sinodal de outubro de 2023 para discernimento. Trata-se de desafios com os quais toda a Igreja deve se confrontar para dar um passo em frente e crescer no seu próprio ser sinodal a todos os níveis e a partir de uma pluralidade de perspectivas. Precisam ser abordados do ponto de vista da teologia e do direito canônico, bem como do ponto de vista do cuidado pastoral e da espiritualidade. Colocam em causa a maneira como as Dioceses fazem a programação, bem como as escolhas diárias e o estilo de vida de cada membro do Povo de Deus. São questões autenticamente sinodais porque abordá-las requer caminhar juntos como um povo, com todos os seus membros. As três prioridades serão ilustradas em conexão com as três palavras-chave do Sínodo: comunhão, missão e participação. Embora isso seja feito por uma questão de simplicidade e clareza de apresentação, corre-se o risco de apresentar as três palavras-chave como três "pilares" independentes uns dos outros. Em vez disso, na vida da Igreja sinodal, comunhão, missão e participação são articuladas, nutrindo-se e apoiando-se mutuamente. Vão sempre pensadas e apresentadas em chave de integração.

44 A ordem diferente em que os três termos aparecem, com a missão ocupando o lugar central, também está enraizada na consciência dos vínculos que os unem, que se desenvolveu durante a primeira fase. Em particular, comunhão e missão se entrelaçam e se espelham mutuamente, como já ensinava São João Paulo II: "A comunhão e a missão estão profundamente ligadas entre si, compenetram-se e integram-se mutuamente, a ponto de a comunhão representar a fonte e, simultaneamente, o fruto da missão: a comunhão é missionária e a missão é para a comunhão" (CL 32, retomado em EP I,4). Somos convidados a superar uma concepção dualista na qual as relações dentro da comunidade eclesial são o domínio da comunhão, enquanto a missão diz respeito ao movimento ad extra. A primeira fase, em vez disso, destacou como a comunhão é a condição para a credibilidade da proclamação, com base numa visão da XV Assembleia Geral Ordinária do Sínodo dos Bispos, sobre Os jovens, a fé e o discernimento vocacional[7]. Ao mesmo tempo, há uma

---

7. Por exemplo, o parágrafo n. 128 do Documento Final afirma: "Portanto, não é suficiente ter estruturas, se não forem desenvolvidos relacionamentos

crescente consciência de que a orientação para a missão é o único critério evangelicamente fundado para a organização interna da comunidade cristã, para a distribuição dos papéis e das tarefas e para a gestão de suas instituições e estruturas. É numa relação dupla com a comunhão e a missão que a participação pode ser entendida e, por essa razão, ela só pode ser abordada depois das outras duas. Por um lado, ela lhes dá a expressão concreta: a atenção aos procedimentos, regras, estruturas e instituições permite que a missão seja consolidada ao longo do tempo e liberta a comunhão da mera extemporaneidade emocional. Por outro lado, ela recebe um significado, uma orientação e um dinamismo que lhe permitem escapar do risco de se transformar num frenesi de reivindicações de direitos individuais, que inevitavelmente causam fragmentação em vez de unidade.

45 Para acompanhar a preparação e a estrutura do trabalho da Assembleia, foram preparadas cinco Fichas de trabalho para abordar cada prioridade, que se encontram no final desta seção. Cada uma delas constitui um ponto de entrada para a prioridade em questão que, dessa forma, pode ser abordada a partir de perspectivas diferentes, mas complementares, relacionadas a diferentes aspectos da vida da Igreja que surgiram por meio do trabalho das Assembleias continentais. Em todos os casos, os três parágrafos que se seguem, aos quais correspondem os três grupos de Fichas de trabalho, não devem ser lidos

---

autênticos dentro delas; na verdade, é a qualidade desses relacionamentos que evangeliza".

como colunas paralelas e não comunicantes. Pelo contrário, são feixes de luz que iluminam a mesma realidade, ou seja, a vida sinodal da Igreja, a partir de diferentes pontos de vista, entrelaçando-se e invocando-se continuamente uns aos outros, convidando-nos ao crescimento.

B 1. Uma comunhão que irradia: Como podemos ser mais plenamente sinal e instrumento da união com Deus e da unidade do gênero humano?

46 A comunhão não é um encontro sociológico como membros de um grupo de identidade, mas é, acima de tudo, um dom do Deus Trinitário e, ao mesmo tempo, uma tarefa, que nunca se esgota, de construir o "nós" do Povo de Deus. Como as Assembleias continentais experimentaram, a comunhão entrelaça uma dimensão vertical, que Lumen gentium chama de "união com Deus", e uma horizontal, "a unidade de toda a humanidade", num forte dinamismo escatológico: a comunhão é um caminho na qual somos chamados a crescer, "para que todos cheguemos à unidade da fé e do conhecimento do Filho de Deus, ao Homem perfeito, à medida da estatura da plenitude de Cristo" (Ef 4,13).

47 Recebemos a antecipação deste momento na liturgia, o lugar onde a Igreja no seu caminho terreno experimenta a comunhão, a nutre e a edifica. Se a liturgia de fato "contribui em sumo grau para que os fiéis exprimam na vida e manifestem aos outros o mistério de Cristo e a autêntica natureza da verdadeira

Igreja" (SC 2), então é para ela que devemos olhar a fim de entender a vida sinodal da Igreja. Em primeiro lugar, é através da realidade cotidiana da ação litúrgica partilhada e, em particular, da celebração eucarística, que a Igreja experimenta a unidade radical, expressa na mesma oração, mas numa diversidade de línguas e ritos: um ponto fundamental na chave sinodal. Deste ponto de vista, a multiplicidade de ritos na única Igreja Católica é uma autêntica bênção, a ser protegida e promovida, como também foi experimentado durante as liturgias dos Assembleias Continentais.

48 A Assembleia Sinodal não pode ser entendida como representativa e legislativa, em analogia com um organismo parlamentar, com a sua dinâmica de formação de maioria. Em vez disso, somos chamados a entendê-la por analogia com a assembleia litúrgica. A tradição antiga nos diz que um Sínodo é "celebrado": ele começa com a invocação do Espírito Santo, continua com a profissão de fé e chega a determinações partilhadas para garantir ou restabelecer a comunhão eclesial. Numa assembleia sinodal, Cristo se torna presente e age, transforma a história e os eventos diários e dá o Espírito para guiar a Igreja a encontrar um consenso sobre como caminhar juntos em direção ao Reino e ajudar toda a humanidade a seguir em direção a uma unidade maior. Caminhar juntos, ouvindo a Palavra e nossos irmãos e irmãs, ou seja, buscando a vontade de Deus e o acordo mútuo, leva à ação de graças ao Pai por meio do Filho no único Espírito. Na assembleia sinodal, aqueles que se reúnem em nome de Cristo escutam a sua Palavra, escutam-se uns aos outros, discernem em docilidade ao Espírito, proclamam o que ouviram e o reconhecem como luz para o caminho da Igreja.

49 Nessa perspectiva, a vida sinodal não é uma estratégia para organizar a Igreja, mas a experiência de poder encontrar uma unidade que abraça a diversidade sem apagá-la, porque está fundamentada na união com Deus, na confissão da mesma fé. Esse dinamismo possui uma força impulsionadora que busca continuamente ampliar o âmbito da comunhão, mas que deve contar com as contradições, os limites e as feridas da história.

50 A primeira questão prioritária que emergiu do processo sinodal está enraizada exatamente neste ponto. No concreto da nossa realidade histórica, preservar e promover a comunhão exige assumir a incompletude de ser capaz de viver a unidade na diversidade (cf. 1Cor 12). A história produz divisões, que causam feridas que precisam de ser curadas e exigem que sejam traçados caminhos para a reconciliação. Nesse contexto, em nome do Evangelho, quais laços precisam de ser fortalecidos para superar trincheiras e muros, quais abrigos e proteções precisam de ser construídos, e para proteger a quem? Quais divisões são estéreis? Quando a gradualidade torna possível o caminho para a completa comunhão? Essas parecem ser perguntas teóricas, mas estão enraizadas na vida cotidiana concreta das comunidades cristãs consultadas na primeira fase. De fato, elas dizem respeito à questão de saber se há limites para a nossa disposição de acolher pessoas e grupos, como dialogar com culturas e religiões sem comprometer nossa identidade e nossa determinação de ser a voz daqueles que estão à margem e reafirmar que ninguém deve ser deixado para trás. As cinco Fichas de trabalho referentes a essa prioridade tentam explorar essas questões a partir de cinco perspectivas complementares.

B 2. Corresponsáveis na missão: Como partilhar dons e tarefas ao serviço do Evangelho?

51 "A Igreja peregrina é, por sua natureza, missionária" (AG 2). A missão constitui o horizonte dinâmico a partir do qual devemos pensar sobre a Igreja sinodal, à qual ela confere um impulso em direção àquele "êxtase" "que consiste em sair de ti mesmo para buscares o bem dos outros, até dar a vida" (CV 163, cf. também FT 88). A missão permite que se reviva a experiência de Pentecostes: tendo recebido o Espírito Santo, Pedro com os Onze se levanta e toma a palavra para proclamar Jesus morto e ressuscitado aos que estão em Jerusalém (cf. At 2,14-36). A vida sinodal está enraizada no mesmo dinamismo: há muitos testemunhos que descrevem a experiência vivida na primeira fase nestes termos, e ainda mais numerosos são aqueles que vinculam sinodalidade e missão de maneira inseparável.

52 Numa Igreja que se define como sinal e instrumento da união com Deus e da unidade de toda a humanidade (cf. LG 1), o discurso sobre a missão se concentra na transparência do sinal e na eficácia do instrumento, sem os quais qualquer proclamação carece de credibilidade. A missão não é a comercialização de um produto religioso, mas a construção de uma comunidade na qual os relacionamentos são uma manifestação do amor de Deus e, portanto, cuja própria vida se torna uma proclamação. Nos Atos dos apóstolos, o discurso de Pedro é imediatamente seguido por um relato da vida da comunidade primitiva, na qual tudo se tornou uma ocasião de comunhão (cf. 2,42-47): isto lhe conferia capacidade de atração.

53 Nessa linha, a primeira pergunta referente à missão questiona o que os membros da comunidade cristã estão realmente dispostos a ter em comum, partindo da singularidade irredutível de cada membro, em virtude de seu relacionamento direto com Cristo no Batismo e como morada do Espírito. Isso torna preciosa e indispensável a contribuição de cada Batizado. Um dos motivos do sentimento de admiração observado durante a primeira fase está relacionado com esta possibilidade de contribuição: "Posso realmente oferecer algo?" Ao mesmo tempo, cada pessoa é convidada a assumir sua própria incompletude e, portanto, a consciência de que na plenitude da missão todos são necessários. Nesse sentido, a missão também tem uma dimensão constitutivamente sinodal.

54 Por isso, a segunda prioridade identificada por uma Igreja que se descobre missionária e sinodal diz respeito ao modo como é capaz de solicitar a contribuição de todos, cada um com seus dons e funções, valorizando a diversidade dos carismas e integrando a relação entre dons hierárquicos e carismáticos[8].

---

8. Cf. CONGREGAÇÃO PARA A DOUTRINA DA FÉ, Carta Iuvenescit Ecclesia, 15 de maio de 2016, 13-18.

A perspectiva da missão coloca os carismas e os ministérios no horizonte do que é comum, salvaguardando assim a sua fecundidade, que fica comprometida quando estes se tornam prerrogativas que legitimam lógicas de exclusão. Uma Igreja sinodal missionária tem o dever de se perguntar como pode reconhecer e valorizar a contribuição que cada Batizado pode oferecer à missão, saindo de si mesma e participando junto com outros em algo maior. "Dar um contributo ativo para o bem comum da humanidade" (CA 34) é uma componente inalienável da dignidade da pessoa, também dentro da comunidade cristã. A primeira contribuição que todos podem dar é no sentido de discernir os sinais dos tempos (cf. GS 4), a fim de manter a consciência de nossa missão comum em sintonia com o sopro do Espírito. Todos os pontos de vista têm algo a contribuir para esse discernimento, a começar pelo dos pobres e excluídos: caminhar junto com eles não significa apenas responder e assumir suas necessidades e sofrimentos, mas também aprender com eles. Essa é a maneira de reconhecer a sua igual dignidade, escapando das armadilhas do assistencialismo e antecipando, na medida do possível, a lógica dos novos céus e da nova terra, para os quais estamos caminhando.

55 As Fichas de trabalho vinculadas a essa prioridade tentam concretizar essa questão básica com relação a tópicos como o reconhecimento da variedade de vocações, carismas e ministérios, a promoção da dignidade batismal das mulheres, o papel do Ministério ordenado e, em particular, o ministério do Bispo dentro da Igreja sinodal missionária.

B 3. Participação, responsabilidade e autoridade. Que processos, estruturas e instituições numa Igreja sinodal missionária?

56 "Comunhão e missão correm o risco de permanecer termos meio abstratos, se não se cultiva uma práxis eclesial que se exprima em ações concretas de sinodalidade em cada etapa do caminho e da atividade, promovendo o efetivo envolvimento de todos e cada um."[9] Essas palavras do Santo Padre nos ajudam a colocar a participação em relação aos outros dois temas. A participação acrescenta uma densidade antropológica ao caráter concreto da dimensão processual: ela expressa a preocupação com o florescimento dos seres humanos, ou seja, a humanização das relações no centro do projeto de comunhão e do compromisso com a missão. Ela salvaguarda a singularidade do rosto de cada um, buscando uma passagem para o "nós" que não absorva o "eu" no anonimato de uma coletividade indistinta. Ela evita cair na abstração dos direitos ou reduzir as pessoas a meros instrumentos para o desempenho da organização. A participação é essencialmente uma expressão de criatividade, uma forma de nutrir as relações de hospitalidade, acolhimento e capacitação que estão no centro da missão e da comunhão.

57 A partir da visão de participação integral apresentada acima, surge a terceira prioridade também abordada nas reuniões da etapa continental: a questão da autoridade, seu

---

9. FRANCISCO, *Momento de reflexão para o início do processo sinodal*, 9 de outubro de 2021.

significado e o estilo de seu exercício numa Igreja sinodal. Em particular, ela surge como uma forma de poder derivada de modelos mundanos ou está enraizada no serviço? "Não será assim entre vós" (Mt 20,26; cf. Mc 10,43), diz o Senhor, que depois de lavar os pés dos discípulos os admoesta: "Dei-vos o exemplo, para que, assim como Eu vos fiz, vós façais também" (Jo 13,15). Na sua origem, o termo "autoridade" indica a capacidade de permitir que os outros cresçam e, portanto, é um serviço à singularidade de cada pessoa, apoiando a criatividade em vez de ser uma forma de controle que a bloqueia, e um serviço à criação da liberdade pessoal e não uma amarra que a restringe. Ligada a essa pergunta está uma segunda, carregada da preocupação com a concretização e a continuidade ao longo do tempo: como podemos imbuir as nossas estruturas e instituições com o dinamismo da Igreja sinodal missionária?

58 Desta atenção deriva uma instância adicional, igualmente concreta, que visa justamente sustentar a dinâmica da participação ao longo do tempo. O tema da formação aparece em todos os documentos da primeira fase. Como as Assembleias continentais e, antes delas, os relatórios das igrejas locais enfatizaram repetidamente, as instituições e estruturas por si só não são suficientes para tornar a Igreja sinodal: são necessárias uma cultura e uma espiritualidade sinodais, animadas por um desejo de conversão e sustentadas por uma formação adequada. A necessidade de formação não se limita à atualização do conteúdo, mas tem um âmbito integral, afetando todas as capacidades e disposições da pessoa, inclusive a orientação para a missão, a capacidade de se relacionar e construir comunidades, a disponibilidade para a escuta espiritual e a familiaridade com o discernimento pessoal e comunitário, a paciência, a perseverança e a "parresia".

59 A formação é o meio indispensável para tornar o modo sinodal de proceder um modelo pastoral para a vida e a ação da Igreja. Precisamos de formação integral, inicial e permanente, para todos os membros do Povo de Deus. Nenhum Batizado se pode sentir alheio a esse compromisso e, portanto, é necessário estruturar propostas adequadas de formação no caminho sinodal dirigidas a todos os Fiéis. Em particular, portanto, quanto mais alguém é chamado a servir a Igreja, mais deve sentir a urgência da formação: Bispos, Presbíteros, Diáconos, Consagradas e Consagrados e todos aqueles que exercem um ministério precisam de formação para renovar os modos de exercer a autoridade e os processos de tomada de decisão em chave sinodal e para aprender a acompanhar o discernimento comunitário e a conversação no Espírito. Os candidatos ao Ministério ordenado precisam de ser treinados num estilo e mentalidade sinodais. A promoção de uma cultura de sinodalidade implica a renovação do atual currículo dos seminários e a formação de formadores e professores de teologia, de modo que haja uma orientação mais clara e decisiva para a formação numa vida de comunhão, missão e participação. A formação para uma espiritualidade sinodal está no centro da renovação da Igreja.

60 Numerosos contributos destacam a necessidade de um esforço semelhante para renovar a linguagem usada pela

Igreja: na liturgia, na pregação, na catequese, na arte sacra, bem como em todas as formas de comunicação dirigidas tanto aos Fiéis quanto ao público em geral, inclusive pelos meios de comunicação novos e antigos. Sem rebaixar ou desvalorizar a profundidade do mistério que a Igreja proclama ou a riqueza de sua tradição, a renovação da linguagem deve, em vez disso, ter como objetivo tornar essas riquezas acessíveis e atraentes para os homens e mulheres do nosso tempo, em vez de ser um obstáculo que os mantém à distância. A inspiração do frescor da linguagem do Evangelho, a capacidade de inculturação que a história da Igreja demonstra e as experiências promissoras já em andamento, também no ambiente digital, nos convidam a prosseguir com confiança e resolução numa tarefa de importância crucial para a eficácia da proclamação do Evangelho, que é o objetivo ao qual aspira uma Igreja sinodal missionária.

Roma, 29 de maio de 2023
Memória da Santíssima Virgem, Maria, Mãe da Igreja

XVI ASSEMBLEIA GERAL ORDINÁRIA DO SÍNODO DOS BISPOS

FICHAS DE TRABALHO PARA A ASSEMBLEIA SINODAL

(PRIMEIRA SESSÃO – OUTUBRO 2023)

FICHAS DE TRABALHO PARA A ASSEMBLEIA SINODAL

INTRODUÇÃO

Se todo o IL "foi concebido como um auxílio prático para a condução da Assembleia sinodal em outubro de 2023 e, portanto, para a sua preparação" (n. 10), isto é particularmente verdadeiro para as Fichas de trabalho aqui apresentadas. Elas foram preparadas para facilitar o discernimento sobre as três "prioridades que emergem do trabalho de todos os continentes" (n. 14), com o objetivo de identificar os passos concretos a que nos sentimos chamados pelo Espírito Santo para crescer como Igreja sinodal. A apresentação das Fichas, a explicação da sua estrutura e as indicações sobre o modo de as utilizar requerem, portanto, antes de mais nada, situá-las na dinâmica dos trabalhos da Assembleia.

A dinâmica da Assembleia

A Assembleia tratará as questões colocadas pelo IL alternando convocações plenárias (Congregationes Generales) e trabalhos de grupo (sessões dos Circuli Minores), como previsto no art. 14 de EC.

Em particular, a Assembleia procederá à abordagem dos diferentes temas, pela ordem em que o IL os propõe. Começará por trabalhar na Seção A, "Por uma Igreja sinodal. Uma experiência integral" (nn. 17-42), com o objetivo de aprofundar as características fundamentais de uma Igreja sinodal, a partir da experiência de caminhada conjunta vivida pelo Povo de Deus nestes dois anos e recolhida nos documentos produzidos na primeira fase graças ao discernimento dos Pastores. A Assembleia é convidada a mover-se numa perspectiva integral, considerando a experiência do Povo de Deus como um todo e com a sua complexidade.

A Assembleia passará então a abordar as três questões prioritários que emergiram da fase de consulta e que são apresentados na Seção B do IL (nn. 43-60). A cada uma delas é dedicada uma das três partes em que se articula a Seção, "em conexão com as três palavras-chave do Sínodo: comunhão, missão e participação" (n. 43), com uma inversão da ordem de aparecimento dos três termos que é explicada no n. 44. Esta articulação corresponde à das Fichas de Trabalho, também elas divididas em três partes, cada uma das quais retoma o título da parte correspondente da Seção B, evidenciando assim o elo que as une:

- "B 1. Uma comunhão que irradia. Como podemos ser mais plenamente sinal e instrumento da união com Deus e da unidade do gênero humano?" (nn. 46-50);
- "B 2. Corresponsáveis na missão. Como partilhar dons e tarefas ao serviço do Evangelho?" (nn. 51-55);

– "B 3. Participação, responsabilidade e autoridade. Que processos, estruturas e instituições numa Igreja sinodal missionária?" (nn. 56-60).

Em particular, cinco Fichas de trabalho correspondem a cada uma das três prioridades: cada uma "constitui um ponto de entrada para a prioridade em questão que, dessa forma, pode ser abordada a partir de perspectivas diferentes, mas complementares, relacionadas a diferentes aspectos da vida da Igreja que surgiram por meio do trabalho das Assembleias continentais" (n. 45).

A organização dos trabalhos em etapas sucessivas não elimina o dinamismo que une as duas Seções: a experiência do Povo de Deus, abordada na perspectiva integral da Secção A, continua a representar o horizonte no qual se situa o tratamento das diversas questões colocadas na Secção B, que se enraízam nessa experiência. O esforço exigido à Assembleia será precisamente o de "manter um equilíbrio dinâmico entre manter uma visão geral [...] e a identificação de medidas práticas a serem tomadas" (n. 16): estes últimos dão concretude e profundidade aos primeiros, e recebem em troca uma visão prospectiva e uma coesão contra o risco de dispersão nos pormenores.

Por fim, o último segmento dos trabalhos da Assembleia será dedicado à recolha dos frutos, ou seja, concretamente à elaboração dos caminhos pelos quais continuar a caminhar juntos, prosseguindo a releitura da experiência do Povo de Deus e promovendo os necessários aprofundamentos, sobretudo teológicos e canônicos, em vista da segunda sessão da Assembleia Sinodal de outubro de 2024.

Ao longo de todo o percurso, a Assembleia procederá segundo o método do diálogo no Espírito (cf. nn. 32-42), devidamente adaptado. Assim, manterá uma ligação com o modo de proceder que caracterizou todo o processo sinodal (cf. figura na pág. 170), mas, sobretudo, experimentando-o diretamente, poderá focalizar melhor o modo como pode tornar-se parte da vida ordinária da Igreja e um modo de proceder partilhado para discernir a vontade de Deus.

Como utilizar as Fichas de trabalho

As Fichas de trabalho foram concebidas como uma ferramenta de trabalho para abordar as três questões prioritárias definidas na Seção B durante a Assembleia de Outubro de 2023. Não são, portanto, capítulos de um livro para serem lidos sucessivamente, nem pequenos ensaios sobre um tema. São "para serem trabalhados" e não "para serem lidos", no sentido em que oferecem um esboço para a oração e a reflexão pessoal em preparação para o intercâmbio em grupo e em plenário. Do mesmo modo, podem ser utilizados para encontros temáticos aprofundados, em estilo sinodal, a todos os níveis da vida da Igreja. Não se destinam a ser tratados em sucessão: cada um deve ser mantido junto com a parte da Seção B do IL a que corresponde, mas pode ser tratado independentemente de todos os outros.

As Fichas de trabalho têm todas a mesma estrutura: começam com uma rápida contextualização da questão expressa pelo título a partir do que surgiu na primeira fase. De seguida, formulam uma questão para discernimento. Por fim, oferecem algumas pistas, que articulam diversas perspectivas (teológica, pastoral, canónica, etc.), dimensões e níveis (paróquia, diocese, etc.), mas sobretudo restituem a concretude dos rostos dos membros do Povo de Deus, dos seus carismas e ministérios, das questões que exprimiram durante a fase de escuta. A riqueza dos estímulos propostos em cada Ficha responde a uma necessidade de fidelidade à riqueza e variedade do que foi recolhido na consulta, sem fazer dela um questionário em que é necessário formular uma resposta a cada pergunta. Alguns estímulos serão particularmente estimulantes em certas regiões do mundo, outros em regiões diferentes. Cada um é convidado a privilegiar aquele ou aqueles sobre os quais sente que a experiência da "sua" Igreja tem maior riqueza para partilhar com os outros: será o seu contributo para o trabalho comum.

Cada ficha centra-se no tema indicado pelo título, tendo em conta o quadro de referência representado pelo IL, cujos conteúdos não são repetidos nem citados explicitamente. No entanto, representam a base do trabalho, juntamente com todos os documentos relativos à fase de consulta: "na preparação para a Assembleia, pede-se aos Membros do Sínodo que tenham em mente os documentos anteriores, em particular o DEC e os Documentos finais das Assembleias continentais, bem como o relatório do Sínodo digital, e que os utilizem como ferramentas para seu próprio discernimento" (n. 9). Não se trata, portanto, de começar do zero, mas de continuar um caminho já iniciado.

É por esta razão, e também por evidentes razões de espaço, que as Fichas não oferecem um tratamento sistemático dos diversos temas, nem aprofundam tudo: o fato de o processo sinodal ter destacado alguns pontos como prioritários não significa que outros temas sejam menos importantes. Com base na consulta ao Povo de Deus, as questões propostas nas Fichas representam portas de entrada para abordar concretamente a questão fundamental que impulsiona e orienta todo o processo: "como se realiza hoje, a diferentes níveis (do local ao universal) aquele 'caminhar juntos' que permite à Igreja anunciar o Evangelho, em conformidade com a missão que lhe foi confiada; e que passos o Espírito nos convida a dar para crescer como Igreja sinodal?" (DP 2).

Há pontos de contato evidentes, e até sobreposições, entre as Fichas, mesmo em partes diferentes. No entanto, isto não é uma questão de repetição, uma vez que a edição teve em conta o fato de as Cartas terem sido concebidas para serem utilizadas independentemente umas das outras. Além disso, este fato realça a rica rede de interligações entre os temas abordados.

Algumas das questões que emergiram da consulta ao Povo de Deus dizem respeito a assuntos sobre os quais já existe um desenvolvimento magisterial e teológico a referir: para dar apenas dois exemplos, basta pensar na aceitação dos divorciados recasados, um assunto tratado na Exortação Ap. Pós-sinodal Amoris laetitia, ou a inculturação da liturgia, objeto da Instrução Varietates legitimae (1994) da Congregação para o Culto Divino e a Disciplina dos Sacramentos. O fato de continuarem a surgir questões sobre pontos deste gênero não pode ser descartado apressadamente, mas deve ser objeto de discernimento, e a Assembleia sinodal é um fórum privilegiado para o fazer. Em particular, há que investigar os obstáculos, reais ou aparentes, que impediram os passos indicados e o que é necessário fazer para os eliminar. Por exemplo, se o bloqueio resulta de uma falta geral de informação, será necessário um melhor esforço de comunicação. Se, por outro lado, se deve à dificuldade de captar as implicações dos documentos para situações concretas ou de se reconhecer no que eles propõem, um caminho sinodal de apropriação efetiva dos conteúdos por parte do Povo de Deus poderia ser a resposta adequada. Outro caso seria quando o reaparecimento de uma questão é sinal de uma mudança de realidade ou da necessidade de um "transbordamento" da Graça, que exige voltar a interrogar o Depósito da fé e a Tradição viva da Igreja.

Será difícil que os trabalhos da primeira sessão da XVI Assembleia Geral Ordinária do Sínodo dos Bispos cheguem à formulação de orientações conclusivas sobre muitos desses temas: por isso, o Santo Padre decidiu que a Assembleia sinodal se realizará em duas sessões. O objetivo da primeira sessão será sobretudo delinear caminhos de aprofundamento a realizar em estilo sinodal, indicando os temas a envolver e as modalidades de colher os benefícios, de modo a permitir que o discernimento se complete na segunda sessão, em outubro de 2024, elaborando as propostas concretas para crescer como Igreja sinodal a apresentar ao Santo Padre.

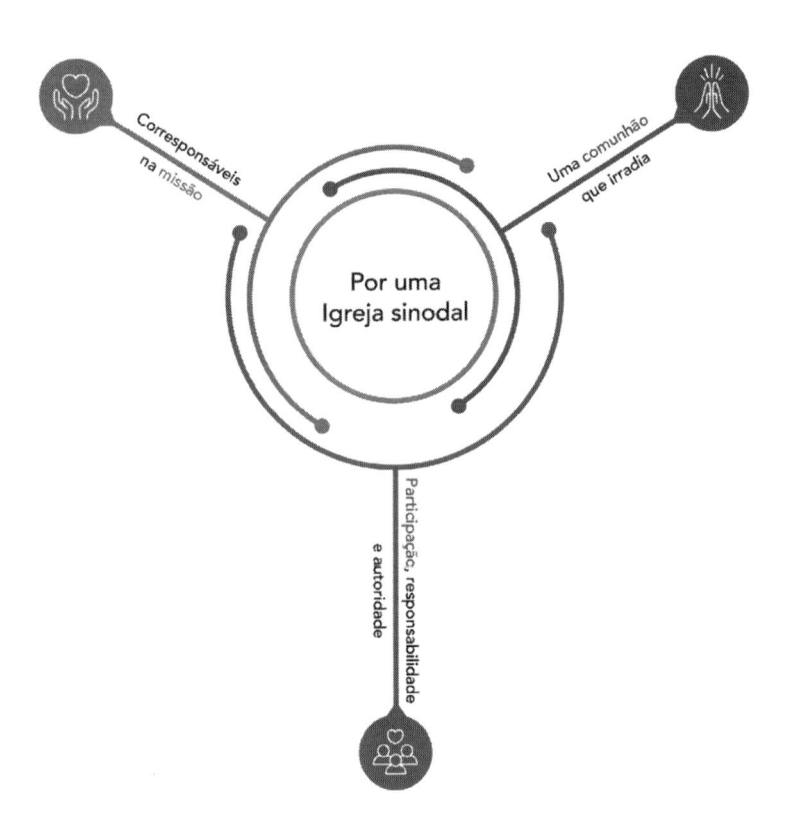

- Corresponsáveis na missão
- Uma comunhão que irradia
- Por uma Igreja sinodal
- Participação, responsabilidade e autoridade

B 1. Uma comunhão que irradia

Como podemos ser mais plenamente sinal e instrumento de união com Deus e da unidade do género humano?

B 1.1 Como é que o serviço da caridade e o empenho na justiça e no cuidado da casa comum alimentam a comunhão numa Igreja sinodal?

Várias direções são indicadas pelas Assembleias continentais para crescer como Igreja sinodal missionária:

a) Numa Igreja sinodal, os pobres, no sentido original de pessoas que vivem na pobreza e na exclusão social, ocupam um lugar central. São destinatários de cuidados, mas sobretudo são portadores de uma Boa Nova que toda a comunidade deve escutar: deles a Igreja tem, antes de mais nada, algo a aprender (cf. Lc 6,20; EG 198). Uma Igreja sinodal reconhece e valoriza o seu protagonismo.

b) O cuidado da casa comum requer uma ação compartilhada: a solução de muitos problemas, como as alterações climáticas, exige o empenho de toda a família humana. O cuidado da casa comum é já um lugar de intensas experiências de encontro e colaboração com membros de outras Igrejas e Comunidades eclesiais, com crentes de outras religiões e com homens e mulheres de boa vontade. Este empenho exige a capacidade de agir coerentemente a vários níveis: catequese e animação pastoral, promoção de estilos de vida, gestão dos bens da Igreja (patrimoniais e financeiros).

c) Os movimentos migratórios são um sinal do nosso tempo e "os migrantes são um 'paradigma' capaz de iluminar o nosso tempo"[10]. A sua presença constitui um apelo a caminhar juntos, sobretudo quando se trata de fiéis católicos. Convida a criar laços com as Igrejas dos países de origem e representa uma oportunidade para experimentar a variedade da Igreja, por exemplo, através da diáspora das Igrejas Católicas Orientais.

d) Uma Igreja sinodal pode desempenhar um papel de testemunho profético num mundo fragmentado e polarizado, especialmente quando os seus membros se comprometem a caminhar juntos com outros cidadãos para a construção do bem comum. Em lugares marcados por profundos conflitos, isto requer a capacidade de ser agentes de reconciliação e artesãos da paz.

e) "Cada cristão e cada comunidade são chamados a ser instrumentos de Deus ao serviço da libertação e promoção dos pobres" (EG 187). Isto implica também a disponibilidade para

---

10. XV Assembleia Geral Ordinária do Sínodo dos Bispos, Os jovens, a fé e o discernimento vocacional. Documento Final, 27 de outubro de 2018, 25.

tomar posição a seu favor no debate público, para dar voz às suas causas, para denunciar situações de injustiça e discriminação, sem cumplicidade com os seus responsáveis.

Pergunta para discernimento

Caminhar juntos significa não deixar ninguém para trás e ser capaz de acompanhar os que têm mais dificuldades. Como podemos crescer na nossa capacidade de promover o protagonismo dos últimos na Igreja e na sociedade?

Sugestões para a oração e a reflexão preparatória

1) As obras de justiça e de misericórdia são uma forma de participação na missão de Cristo. Cada Batizado é, portanto, chamado a empenhar-se neste domínio. Como é que esta consciência pode ser despertada, cultivada e reforçada nas comunidades cristãs?
2) As desigualdades que marcam o mundo contemporâneo atravessam também o corpo da Igreja, separando, por exemplo, as Igrejas dos países ricos e pobres, ou as comunidades das zonas mais ricas e mais pobres de um mesmo país. Que instrumentos são necessários para podermos caminhar juntos entre as Igrejas para além destas desigualdades, experimentando uma autêntica circulação de dons?
3) Ao longo do caminho sinodal, que esforços foram feitos para dar espaço à voz dos mais pobres e integrar a sua contribuição?

Que experiência as nossas Igrejas adquiriram no apoio ao protagonismo dos pobres? O que é que precisamos de fazer para os envolver cada vez mais na nossa caminhada conjunta, deixando que a sua voz questione a nossa maneira de fazer as coisas quando esta não é suficientemente inclusiva?

4) O acolhimento dos migrantes torna-se uma oportunidade para caminhar juntamente com pessoas de outra cultura, especialmente quando partilhamos a mesma fé? Que espaço têm as comunidades migrantes na pastoral ordinária? Como é que a diáspora das Igrejas Católicas Orientais é valorizada como uma oportunidade para experimentar a unidade na diversidade? Que vínculos se criam entre as Igrejas dos países de partida e as dos países de chegada?

5) A comunidade cristã sabe caminhar juntamente com toda a sociedade na construção do bem comum ou apresenta-se como um sujeito interessado em defender seus próprios interesses partidários? Consegue testemunhar a possibilidade de concórdia para além das polarizações políticas? Que instrumentos se dá para se capacitar para estas tarefas? Trabalhar para o bem comum exige a formação de alianças e coligações: que critérios de discernimento nos damos a este respeito? Como é que a comunidade acompanha os seus membros empenhados na política?

6) Que experiências de caminhar juntos para o cuidado da casa comum tivemos com pessoas, grupos e movimentos que não fazem parte da Igreja Católica? O que é que aprendemos? Em que ponto estamos a construir a coerência entre

os diferentes níveis em que o cuidado da casa comum nos obriga a agir?

7) O encontro com os pobres e marginalizados e a possibilidade de caminhar juntamente com eles começa muitas vezes com a disponibilidade para escutar a sua vida. Faz sentido pensar em reconhecer um ministério específico de escuta e acompanhamento para aqueles que assumem este serviço? Como é que uma Igreja sinodal os pode formar e apoiar? Como pensar em reconhecer eclesialmente formas de empenhamento na construção de uma sociedade justa e no cuidado da casa comum que são vividas como resposta a uma vocação autêntica e como uma escolha também profissional?

B 1.2 Como pode uma Igreja sinodal tornar credível a promessa de que "o amor e a verdade se encontrarão" (Sl 85,11)?

A tentativa de compreender o que significa concretamente o acolhimento e o acompanhamento para a comunidade cristã foi um núcleo central das diferentes etapas da primeira fase.

O DEC escolheu a imagem bíblica da tenda que se alarga (cf. Is 54,2) para exprimir o apelo a ser uma comunidade bem enraizada e, portanto, capaz de se abrir. As Assembleias continentais, com base nas suas diferentes sensibilidades, propuseram outras imagens para articular a dimensão do acolhimento que faz parte da missão da Igreja: a Ásia ofereceu a imagem da pessoa que descalça os sapatos para atravessar a soleira da porta, como sinal de humildade para estar preparada para encontrar o outro e Deus; a Oceânia propôs a imagem do barco; a África insistiu na imagem da Igreja como família de Deus, capaz de oferecer pertença e acolhimento a todos os seus membros, em toda a sua variedade.

Por detrás desta diversidade de imagens, podemos encontrar uma unidade de objetivos: por toda a parte, a Igreja procura renovar a sua missão de ser uma comunidade acolhedora e hospitaleira, de encontrar Cristo naqueles que acolhe e de ser sinal da sua presença e anúncio credível da verdade do Evangelho na vida de todos. Trata-se da profunda necessidade de imitar o Mestre e Senhor também na capacidade de viver um aparente paradoxo: "proclamar com coragem o próprio ensinamento autêntico e ao mesmo tempo oferecer um testemunho de inclusão e acolhimento radicais" (DEC 30).

Sobre este ponto, o caminho sinodal foi uma oportunidade para um confronto profundo, com humildade e sinceridade. A surpresa é descobrir que o modo de proceder sinodal permite que as questões que surgem deste confronto sejam colocadas na perspetiva da missão, sem ficarem paralisadas, alimentando a esperança de que o Sínodo seja um catalisador para esta renovação da missão e impulsione a reparação do tecido relacional da Igreja.

A preocupação de ser capaz de uma aceitação autêntica exprime-se numa pluralidade de direções, muito diferentes umas das outras e não coplanares:

a) os Documentos finais das Assembleias continentais mencionam frequentemente aqueles que não se sentem aceites na Igreja, como os divorciados e recasados, as pessoas em casamentos polígamos ou as pessoas LGBTQ+;

b) constatam igualmente que as formas de discriminação racial, tribal, étnica, de classe ou de casta, também presentes no Povo de Deus, levam alguns a sentirem-se menos importantes ou menos bem-vindos no seio da comunidade;

c) existem provas generalizadas de que uma série de barreiras, desde as de ordem prática até aos preconceitos culturais, geram formas de exclusão das pessoas com deficiência e têm de ser ultrapassadas;

d) há também a preocupação de que os pobres, a quem a Boa Nova se dirige em primeiro lugar, estejam muitas vezes à margem das comunidades cristãs (por exemplo, migrantes e refugiados, crianças de rua, sem-teto, vítimas de tráfico humano, etc.);

e) por último, os documentos das Assembleias continentais assinalam que é necessário manter a ligação entre a conversão sinodal e o cuidado das vítimas e das pessoas marginalizadas no seio da Igreja; em particular, colocam grande ênfase na necessidade de aprender a exercer a justiça como forma de acolher aqueles que foram feridos por membros da Igreja, especialmente as vítimas e os sobreviventes de todas as formas de abuso;

f) a escuta das vozes mais frequentemente negligenciadas é indicada como o caminho para crescer no amor e na justiça que o Evangelho testemunha.

Pergunta para o discernimento

Que passos pode dar uma Igreja sinodal para imitar cada vez mais o seu Mestre e Senhor, que caminha com todos com amor incondicional e proclama a plenitude da verdade do Evangelho?

Sugestões para a oração e a reflexão preparatória

1) Qual é a atitude com que encaramos o mundo? Reconhecemos o que há de bom nele e, ao mesmo tempo, comprometemo-nos a denunciar profeticamente tudo o que viola a dignidade das pessoas, das comunidades humanas e da criação?

2) Como podemos fazer soar uma voz profética ao descobrir as causas do mal, sem fragmentar ainda mais as nossas comunidades? Como é que nos podemos tornar uma Igreja que não esconde os conflitos e não tem medo de salvaguardar espaços para a discordância?

3) Como podemos restaurar a proximidade e as relações de cuidado como o núcleo da missão da Igreja, caminhando com as pessoas em vez de falar sobre elas ou para elas?

4) De acordo com a Exortação Apostólica Pós-Sinodal Christus vivit, como podemos caminhar juntos com os jovens? Como é que uma "opção preferencial pelos jovens" pode estar no centro das nossas estratégias pastorais em chave sinodal?

5) Como podemos continuar a tomar medidas concretas para oferecer justiça às vítimas e sobreviventes dos abusos sexuais, espirituais, econômicos, de poder e de consciência perpetrados por pessoas que estavam a desempenhar um ministério ou uma missão na Igreja?

6) Como podemos criar espaços em que aqueles que se sentem magoados pela Igreja e não bem-vindos pela comunidade possam sentir-se reconhecidos, acolhidos, não julgados e livres para fazer perguntas? À luz da Exortação Apostólica Pós-Sinodal Amoris laetitia, que passos concretos são necessários para chegar às pessoas que se sentem excluídas da Igreja por causa da sua afetividade e sexualidade (por exemplo, divorciados recasados, pessoas em casamentos polígamos, pessoas LGBTQ+, etc.)?

7) Como podemos ser mais abertos e acolhedores em relação aos migrantes e refugiados, às minorias étnicas e culturais, às comunidades indígenas que há muito fazem parte da Igreja, mas que muitas vezes estão à margem? Como podemos testemunhar que a sua presença é um dom?

8) Que barreiras físicas e culturais temos de eliminar para que as pessoas com deficiência possam sentir-se membros de pleno direito da comunidade?

9) Como se pode valorizar a contribuição dos idosos para a vida da comunidade cristã e da sociedade?

B 1.3 Como pode crescer uma relação dinâmica de troca de dons entre Igrejas?

A comunhão a que a Igreja é chamada é uma relação dinâmica de troca de dons, dando testemunho de uma unidade transcendente na diversidade. Um dos dons mais significativos do caminho sinodal até agora é a redescoberta da riqueza da diversidade e da profundidade da nossa interconexão. Essa diversidade e interconexão não ameaçam, mas fornecem o contexto para uma receção mais profunda da nossa unidade de criação, vocação e destino.

O processo sinodal foi vivido de forma apaixonada e viva a nível local da Igreja, sobretudo nas ocasiões de diálogo no Espírito. O DEC procurou evidenciar as diversas formas desta vitalidade, sublinhando ao mesmo tempo a extraordinária convergência de questões e temas que surgiram nos vários contextos. Assim, durante as Assembleias continentais, alguns aspetos da vida da Igreja em contextos muito diferentes foram descobertos como um dom precioso. Ao mesmo tempo, aprofundou-se a relação com a diversidade que marca as várias regiões: diferenças entre Igrejas no mesmo continente, bem como diferenças na expressão da catolicidade devido à presença de comunidades católicas latinas e orientais no mesmo território, muitas vezes como resultado de ondas de migração e da formação de comunidades em diáspora. Na verdade, como observou uma Assembleia continental, experimentamo-nos muito concretamente como "comunidades de comunidades", notando os dons que assim recebemos e as tensões que podem surgir.

Estes encontros conduziram a observações compartilhadas e mesmo a pedidos explícitos:

a) deseja-se que as diferentes tradições de regiões e Igrejas específicas possam ser ouvidas e participar no diálogo eclesial e teológico frequentemente dominado por vozes latinas/ocidentais. A dignidade dos Batizados é reconhecida como um ponto-chave em muitos contextos; do mesmo modo, para muitos membros das Igrejas Católicas Orientais, em particular, o Mistério pascal celebrado nos Sacramentos da Iniciação Cristã continua a ser o foco da reflexão sobre a identidade dos cristãos e da Igreja sinodal;

b) As Igrejas Católicas Orientais têm uma longa e distinta experiência de sinodalidade, partilhada com as Igrejas Ortodoxas, uma tradição à qual desejam que se preste atenção nos debates e no discernimento deste processo sinodal;

c) do mesmo modo, há realidades específicas e particulares que os cristãos orientais na diáspora enfrentam em novos contextos, juntamente com os seus irmãos e irmãs ortodoxos. É desejável que as Igrejas Católicas Orientais na diáspora possam preservar a sua identidade e ser reconhecidas como mais do que simples comunidades étnicas, ou seja, como Igrejas sui iuris com ricas tradições espirituais, teológicas e litúrgicas que contribuem para a missão da Igreja hoje, num contexto global.

Pergunta para o discernimento

Como é que cada Igreja local, sujeito da missão no contexto em que vive, pode valorizar, promover e integrar o intercâmbio de dons com as outras Igrejas locais, no horizonte da única Igreja Católica? Como é que as Igrejas locais podem ajudar a promover a catolicidade da Igreja numa relação harmoniosa entre unidade e diversidade, preservando a especificidade de cada uma?

Sugestões para a oração e a reflexão preparatória

1) Como tomar consciência de que a Igreja una e católica é já, e desde o início, portadora de uma diversidade rica e multiforme?
2) Com que gestos poderiam as diversas Igrejas locais acolher-se mutuamente para beneficiar de um intercâmbio de dons eclesiais e manifestar a comunhão eclesial na liturgia, na espiritualidade, na pastoral e na reflexão teológica? Em particular, como ativar um intercâmbio entre as experiências e as visões de sinodalidade entre as Igrejas Católicas Orientais e a Igreja Latina?
3) Como poderia a Igreja latina desenvolver uma maior abertura às tradições espirituais, teológicas e litúrgicas das Igrejas Católicas Orientais?
4) Como podem as Igrejas Católicas Orientais na diáspora preservar a sua identidade e ser reconhecidas como mais do que simples comunidades étnicas?
5) Algumas Igrejas vivem em situações muito precárias. Como podem as outras Igrejas assumir o seu sofrimento e prover às suas necessidades, pondo em prática os ensinamentos do Apóstolo Paulo, que pedia às comunidades da Grécia que apoiassem generosamente a de Jerusalém: "a vossa abundância supre as necessidades deles, para que também a

abundância deles supra as vossas necessidades. E assim haverá igualdade" (2Cor 8,14)? Que papel podem desempenhar, neste contexto, as instituições mundiais e as da Santa Sé dedicadas ao serviço da caridade?

6) Como podem os contributos e as experiências das Igrejas locais ser tidos em conta e valorizados na elaboração do Magistério e das normas eclesiásticas a nível universal?

7) Num mundo cada vez mais globalizado e interligado, como desenvolver o tecido de relações entre Igrejas locais da mesma região e também de continentes diferentes? Como é que a crescente mobilidade humana e, por conseguinte, a presença de comunidades migrantes se podem tornar uma oportunidade para construir vínculos entre Igrejas e trocar dons? Como lidar de forma construtiva com as tensões e os mal-entendidos que podem surgir entre fiéis de diferentes culturas e tradições?

8) Como podem as instituições globais da Igreja, a começar pelas que estão sob a alçada da Santa Sé e dos Dicastérios da Cúria Romana, favorecer a circulação dos dons entre as Igrejas?

9) Como tornar ativo e fecundo o intercâmbio de experiências e dons não só entre as diversas Igrejas locais, mas também entre as diversas vocações, carismas e espiritualidades no seio do Povo de Deus: institutos de vida consagrada e sociedades de vida apostólica, associações e movimentos laicais, novas comunidades? Como é possível assegurar a participação das comunidades de vida contemplativa nessa circulação?

B 1.4 Como pode uma Igreja sinodal cumprir melhor a sua missão através de um compromisso ecumênico renovado?

"O caminho da sinodalidade, que a Igreja católica percorre, é e deve ser ecumênico, assim como o caminho ecumênico é sinodal"[11]. A sinodalidade é um desafio comum que diz respeito a todos os crentes em Cristo, tal como o ecumenismo é, antes de mais, um caminho comum (syn-odos) percorrido em conjunto com outros Cristãos. Sinodalidade e ecumenismo são dois caminhos a percorrer em conjunto, com um objetivo comum: um melhor testemunho cristão. Este pode assumir a forma de uma convivência num "ecumenismo da vida" a diferentes níveis, incluindo os casamentos interconfessionais, e também do ato supremo de dar testemunho da fé em Cristo no ecumenismo do martírio.

O compromisso de construir uma Igreja sinodal tem várias implicações ecumênicas:

a) no único Batismo todos os cristãos participam no sensus fidei ou sentido sobrenatural da fé (cf. LG 12), razão pela qual numa Igreja sinodal todos devem ser escutados com atenção;
b) o caminho ecumênico é um intercâmbio de dons, e um dos dons que os católicos podem receber de outros cristãos é

---

11. Francisco, Discurso a Sua Santidade Mar Awa III Catholicos-Patriarca da Igreja Assíria do Oriente, 19 de novembro de 2022.

precisamente a sua experiência sinodal (cf. EG 246). A redescoberta da sinodalidade como dimensão constitutiva da Igreja é um fruto do diálogo ecuménico, sobretudo com os Ortodoxos;

c) o movimento ecumênico é um laboratório de sinodalidade e, em particular, a metodologia de diálogo e de construção de consensos experimentada a vários níveis no seu seio pode ser uma fonte de inspiração;

d) A sinodalidade faz parte da "reforma contínua" da Igreja, sabendo que é sobretudo através da sua reforma interna, na qual a sinodalidade desempenha um papel essencial, que a Igreja Católica se aproxima dos outros Cristãos (cf. UR 4.6);

e) existe uma relação recíproca entre a ordem sinodal da Igreja Católica e a credibilidade do seu empenho ecumênico;

f) Uma certa sinodalidade entre as Igrejas é experimentada sempre que Cristãos de diferentes tradições se reúnem em nome de Jesus Cristo para a oração, a ação e o testemunho comuns, bem como para consultas regulares e participação nos respetivos processos sinodais.

Todos os Documentos finais das Assembleias continentais sublinham a estreita relação entre sinodalidade e ecumenismo, e alguns dedicam-lhe capítulos inteiros. Com efeito, tanto a sinodalidade como o ecumenismo têm a sua raiz na dignidade batismal de todo o Povo de Deus; convidam a um renovado compromisso com base na visão de uma Igreja sinodal missionária; são processos de escuta e de diálogo e exortam a crescer numa comunhão que não é uniformidade, mas unidade na legítima diversidade; salientam a necessidade de um espírito de corresponsabilidade, uma vez que as nossas decisões e ações a diferentes níveis afetam todos os membros do Corpo de Cristo; são processos espirituais de arrependimento, perdão e reconciliação num diálogo de conversão que pode levar a uma cura da memória.

Pergunta para o discernimento

Como podem a experiência e os frutos do caminho ecumênico favorecer a construção de uma Igreja Católica mais sinodal; como pode a sinodalidade ajudar a Igreja Católica a responder melhor à oração de Jesus: "que todos sejam um só... para que o mundo acredite" (Jo 17,21)?

Sugestões para a oração e a reflexão preparatória

1) Este Sínodo é uma oportunidade para aprender com outras Igrejas e Comunidades Eclesiais e para "recolher o que o Espírito semeou neles como um dom também para nós" (EG 246). O que podem os católicos (re)aprender da experiência sinodal de outros cristãos e do movimento ecumênico?

2) Como se pode promover a participação ativa de todo o Povo de Deus no movimento ecumênico? Em particular, qual pode ser o contributo da vida consagrada, dos casais e famílias interconfessionais, dos jovens, dos movimentos eclesiais e das comunidades ecumênicas?

3) Em que domínios é necessária uma cura de memória no que diz respeito à relação com outras Igrejas e Comunidades eclesiais? Como é que podemos construir juntos uma "nova memória"?

4) Como melhorar a nossa caminhada em conjunto com os cristãos de todas as tradições? Como é que uma comemoração comum do 1.700º aniversário do Concílio de Niceia (325-2025) poderia constituir uma oportunidade neste sentido?

5) "O ministério episcopal da unidade está profundamente unido à sinodalidade."[12] Como é que o Bispo, enquanto "princípio visível e fundamento da unidade" (LG 23), é chamado a promover o ecumenismo de forma sinodal na sua Igreja local?

6) Como é que o processo sinodal em curso pode contribuir para "encontrar uma forma de exercício do primado que, sem renunciar de modo algum ao que é essencial da sua missão, se abra a uma situação nova"[13]?

7) Como podem as Igrejas Católicas Orientais ajudar, apoiar e estimular a Igreja Latina no seu compromisso sinodal e ecumênico comum? Como pode a Igreja Latina apoiar e promover a identidade dos fiéis católicos orientais na diáspora?

---

12. CONSELHO PONTIFÍCIO PARA A PROMOÇÃO DA UNIDADE DOS CRISTÃOS, O Bispo e a Unidade dos Cristãos: Vademecum Ecumênico, 5 de junho de 2020, 4.

13. SÃO JOÃO PAULO II, Enc Lett. Ut unum sint, 25 de maio de 1995, 95; texto citado em EG 32 e EC 10.

8) Como pode o lema ecumênico do Papa Francisco "Caminhar – Rezar – Trabalhar juntos"[14] inspirar um compromisso renovado com a unidade dos cristãos de uma forma sinodal?

B 1.5 Como reconhecer e colher a riqueza das culturas e desenvolver o diálogo com as religiões à luz do Evangelho?

Escutar as pessoas exige saber escutar as culturas em que elas estão inseridas, sabendo que cada cultura está em constante evolução. Uma Igreja sinodal precisa de aprender a articular melhor o Evangelho com as culturas e os contextos locais, através do discernimento, partindo da confiança de que o Espírito lhe dá uma tal amplitude que pode acolher qualquer cultura, sem exclusão. Prova disso é o fato de as Igrejas locais se caracterizarem já por uma grande diversidade, o que é uma bênção: nelas coexistem diferentes nacionalidades e etnias, crentes de tradições orientais e ocidentais. No entanto, esta riqueza nem sempre é fácil de viver e pode tornar-se uma fonte de divisões e conflitos.

Além disso, o nosso tempo é marcado pela difusão avassaladora de uma nova cultura, a dos ambientes digitais e dos novos media. Como demonstra a iniciativa do Sínodo digital, a Igreja já está presente aí, sobretudo através da ação de muitos

---

14. FRANCISCO, Discurso à Oração Ecumênica, Centro Ecumênico do CMI (Genebra), 21 de junho de 2018.

Cristãos, muitos deles jovens. Falta ainda uma consciência plena das potencialidades que este ambiente oferece à evangelização e uma reflexão sobre os desafios que coloca, sobretudo em termos antropológicos.

Dos documentos das Assembleias continentais emergem várias tensões, não para serem esmagadas, mas para serem valorizadas como fontes de dinamismo:

a) na relação entre o Evangelho e as culturas locais, com experiências e posições diferentes. Alguns consideram a adoção de tradições das Igrejas de outras regiões como uma forma de colonialismo. Outros acreditam que o Espírito age em cada cultura, tornando-a capaz de exprimir as verdades da fé cristã. Outros ainda acreditam que os cristãos não podem adotar ou adaptar práticas culturais pré-cristãs;

b) na relação entre o Cristianismo e as outras religiões. A par de experiências frutuosas de diálogo e de compromisso com crentes de outras religiões, surgem também lutas e limitações, sinais de desconfiança, conflitos religiosos e até perseguições, diretas ou indiretas. A Igreja quer construir pontes para a promoção da paz, da reconciliação, da justiça e da liberdade, mas há também situações que exigem de nós uma grande paciência e esperança de que as coisas possam mudar;

c) na relação entre a Igreja, por um lado, e a cultura ocidental e as formas de colonização cultural, por outro. Existem no mundo forças que se opõem à missão da Igreja, a partir de ideologias filosóficas, econômicas e políticas baseadas em pressupostos que se opõem à fé. Nem todos percebem estas tensões da mesma forma, por exemplo no que diz respeito ao fenômeno da secularização, que alguns veem como uma ameaça e outros como uma oportunidade. Por vezes, esta tensão é interpretada de forma redutora como um confronto entre aqueles que desejam a mudança e aqueles que a temem;

d) na relação entre as comunidades indígenas e os modelos ocidentais de ação missionária. Muitos missionários católicos deram provas de grande dedicação e generosidade na partilha da fé, mas em alguns casos a sua ação impediu que as culturas locais oferecessem o seu contributo original para a edificação da Igreja;

e) na relação entre a comunidade cristã e os jovens, muitos dos quais se sentem excluídos pela linguagem adotada nos meios eclesiais, que é incompreensível para eles.

Estas tensões devem ser abordadas em primeiro lugar através do discernimento a nível local, uma vez que não existem receitas preconcebidas. As Assembleias continentais sublinharam as disposições pessoais e comunitárias que podem ser úteis: uma atitude de humildade e de respeito, a capacidade de escutar e de promover um autêntico diálogo no Espírito, a disponibilidade para a mudança, para abraçar a dinâmica pascal da morte e da ressurreição também no que diz respeito às formas concretas que a vida da Igreja assume, a formação para o discernimento cultural, para o confronto das sensibilidades e da espiritualidade, e para o acompanhamento de pessoas de culturas diferentes.

Pergunta para discernimento

Como tornar o anúncio do Evangelho comunicável e percetível nos diferentes contextos e culturas, de modo a favorecer o encontro com Cristo dos homens e mulheres do nosso tempo? Que laços podemos estabelecer com os crentes de outras religiões, desenvolvendo uma cultura do encontro e do diálogo?

Sugestões para a oração e a reflexão preparatória

1) Com que instrumentos as Igrejas locais leem e discernem as culturas em que estão inseridas? Como podem, à luz do Evangelho, respeitar e valorizar as culturas dos diferentes contextos locais? Que oportunidades podem criar para reler, de forma construtiva, os ensinamentos da Igreja à luz das culturas locais?

2) Que espaços estão disponíveis para que as culturas minoritárias e migrantes encontrem expressão nas igrejas locais?

3) Várias dioceses, conferências episcopais, assembleias continentais manifestaram o desejo de poder rearticular a vida comunitária e sobretudo a liturgia de acordo com as culturas locais, num processo de inculturação permanente. Que dinâmica sinodal podemos pôr em prática para responder a este desejo?

4) Como promover a formação para o discernimento cultural? Como promover, educar e reconhecer os carismas e as vocações dos "tradutores", ou seja, daqueles que ajudam a construir pontes entre as religiões, as culturas e os povos?

5) A que gestos de reconciliação e de paz com as outras religiões nos sentimos chamados? Como enfrentar de forma construtiva os preconceitos, as tensões e os conflitos? Como dar testemunho do Evangelho em países onde a Igreja é minoritária, sem enfraquecer o testemunho de fé, mas também sem expor levianamente os cristãos a ameaças e perseguições?

6) Como tratar de forma franca, profética e construtiva as relações entre a cultura ocidental e as outras culturas, também no seio da Igreja, evitando formas de colonialismo?

7) Para alguns, a sociedade secularizada é uma ameaça a que se deve opor, para outros, um fato a aceitar, para outros ainda, uma fonte de inspiração e uma oportunidade. Como é que as Igrejas podem permanecer em diálogo com o mundo sem se tornarem mundanas?

8) Como criar oportunidades de discernimento nos ambientes digitais? Que formas de colaboração e que estruturas precisamos criar ao serviço da evangelização num ambiente que não tem em conta a dimensão territorial?

B 2. Corresponsáveis na missão
Como podemos partilhar dons e tarefas ao serviço do Evangelho?

B 2.1 Como podemos caminhar juntos para uma consciência comum do sentido e do conteúdo da missão?

É missão da Igreja anunciar o Evangelho e tornar Cristo presente, através do dom do Espírito. Esta tarefa pertence a todos os batizados (cf. EG 120): a sinodalidade é constitutivamente missionária e a própria missão é ação sinodal. Somos continuamente convidados a crescer na nossa resposta a este apelo, renovando em chave sinodal o modo como a Igreja realiza a sua missão. Nas reflexões das Assembleias Continentais, esta missão articula uma multiplicidade de dimensões, a serem harmonizadas e não opostas entre si, na perspetiva integral promovida pela Evangelii nuntiandi e retomada pela Evangelii gaudium. Por exemplo:

a) um apelo sincero à renovação da vida litúrgica da Igreja local como lugar de anúncio através da Palavra e dos Sacramentos, com ênfase na qualidade da pregação e na linguagem da liturgia. Esta última requer um equilíbrio adequado entre a unidade da Igreja, expressa também na unidade do rito, e as legítimas variedades, que uma correta inculturação tem em devida conta[15];

b) é sublinhado o desejo de uma Igreja pobre e próxima dos que sofrem, capaz de evangelizar através do exercício da proximidade e da caridade, seguindo os passos do Senhor, e o testemunho de um empenho que vai até ao martírio: é a vocação "samaritana" da Igreja. São recordadas as situações em que a Igreja causa feridas e aquelas em que as sofre: sem cuidar das pessoas envolvidas, estas situações tornam-se pedras de tropeço para testemunhar o amor de Deus e a verdade do Evangelho;

c) uma chave de oposição profética aos novos e destrutivos colonialismos é a abertura de lugares de serviço gratuito, inspirados na imitação de Cristo, que não veio para ser servido, mas para servir (cf. Mc 10,45). São lugares onde as necessidades humanas básicas podem ser satisfeitas, onde as pessoas se sentem acolhidas e não julgadas, livres para fazer perguntas sobre as razões da nossa esperança (cf. 1Pd 3,15), livres para partir e regressar. Para uma Igreja sinodal, a missão é sempre construir com os outros e não simplesmente para os outros;

d) também no ambiente digital, que a Igreja está a descobrir como uma oportunidade de evangelização, a construção de redes de relações permite aos seus frequentadores, especialmente

---

15. Cf. CONGREGAÇÃO PARA O CULTO DIVINO E A DISCIPLINA DOS SACRAMENTOS, Instrução Varietates legitimae, 25 de janeiro de 1994.

aos jovens, experimentar novas formas de caminhar juntos. A iniciativa do Sínodo digital chama a atenção da Igreja para a realidade da pessoa humana como um ser que se comunica, mesmo nos circuitos mediáticos que configuram o nosso mundo contemporâneo.

O desejo de crescer no compromisso da missão não é impedido pela consciência dos limites das comunidades cristãs e pelo reconhecimento dos seus fracassos; pelo contrário, o movimento de sair de si mesmo pelo impulso da fé, da esperança e da caridade é um modo de enfrentar essa incompletude. A par da afirmação deste desejo, as Assembleias continentais dão também voz à falta de clareza e de uma compreensão partilhada do sentido, do alcance e do conteúdo da missão da Igreja, ou dos critérios para articular os impulsos de ação em diferentes direções. Daí a exigência de mais formação e de espaços de confronto e de diálogo, em chave sinodal, entre as diferentes perspetivas, espiritualidades e sensibilidades que constituem a riqueza da Igreja.

Pergunta para discernimento

Até que ponto a Igreja está hoje preparada e equipada para a missão de anunciar o Evangelho com convicção, liberdade de espírito e eficácia? Como é que a perspetiva de uma Igreja sinodal transforma a compreensão da missão e permite articular as suas diferentes dimensões? Como é que a experiência de realizar a missão em conjunto enriquece a compreensão da sinodalidade?

Sugestões para a oração e a reflexão preparatória

1) A vida litúrgica da comunidade é a fonte da missão. Como sustentar a sua renovação numa perspetiva sinodal de valorização dos ministérios, carismas e vocações e de oferta de espaços de acolhimento e de relação?

2) Como podem a pregação, a catequese e a pastoral promover uma consciência partilhada do sentido e do conteúdo da missão? E do fato de que ela constitui um apelo concreto e eficaz para cada Batizado?

3) As sínteses das Conferências Episcopais e das Assembleias continentais apelam fortemente a uma "opção preferencial" pelos jovens e pelas famílias, que os reconheça como sujeitos e não como objetos de cuidado pastoral. Como poderia tomar forma esta renovação sinodal missionária da Igreja, também através da implementação das conclusões dos Sínodos 2014-2015 e 2018?

4) Para uma grande parte do Povo de Deus, a missão realiza-se "tratando das realidades temporais e ordenando-as segundo Deus" (LG 31; cf. também AA 2). Como sensibilizar para o fato de que a profissão, o compromisso social e político, o voluntariado são áreas em que se exerce a missão? Como acompanhar e apoiar aqueles que desempenham esta missão em ambientes particularmente hostis e difíceis?

5) A Doutrina Social da Igreja é muitas vezes considerada como um patrimônio de especialistas e teólogos e desligada da vida quotidiana das comunidades. Como se pode

favorecer a sua reapropriação pelo Povo de Deus, como recurso para a missão?

6) O ambiente digital molda atualmente a vida da sociedade. Como é que a Igreja pode realizar a sua missão mais eficazmente neste ambiente? Como reconfigurar o anúncio, o acompanhamento e o cuidado neste ambiente? Como reconhecer adequadamente o empenhamento missionário neste ambiente e os percursos de formação adequados para aqueles que o realizam? Como favorecer o protagonismo dos jovens, corresponsáveis pela missão da Igreja neste espaço?

7) Em muitos domínios, a realização da missão exige que colaboremos com uma pluralidade de pessoas e organizações de diferentes inspirações: Fiéis de outras Igrejas e Comunidades eclesiais, crentes de outras religiões, mulheres e homens de boa vontade. O que é que aprendemos ao "caminhar juntos" com eles e como é que nos podemos equipar para o fazer melhor?

B 2.2 O que fazer para que uma Igreja sinodal seja também uma Igreja missionária "toda ministerial"?

Todas as Assembleias continentais se referem aos ministérios na Igreja, muitas vezes em termos muito articulados. O processo sinodal restabelece uma visão positiva dos ministérios, que lê o Ministério ordenado dentro da ministerialidade eclesial mais ampla, sem oposições. Surge também uma certa urgência em discernir os carismas emergentes e as formas adequadas de exercício dos Ministérios batismais (instituídos, extraordinários e de fato) no seio do Povo de Deus, participante da função profética, sacerdotal e real de Cristo. Esta Ficha de trabalho centra-se nestes últimos, enquanto noutras encontra espaço a questão da relação com o Ministério ordenado e as tarefas dos Bispos numa Igreja sinodal. Em particular:

a) Há um claro apelo a superar uma visão que reserva somente aos Ministros ordenados (Bispos, Presbíteros, Diáconos) todas as funções ativas na Igreja, reduzindo a participação dos Batizados a uma colaboração subordinada. Sem diminuir o apreço pelo dom do Sacramento da Ordem, os ministérios são entendidos a partir de uma conceção ministerial de toda a Igreja. Surge uma serena receção do Concílio Vaticano II, com o reconhecimento da dignidade batismal como fundamento da participação de todos na vida da Igreja. A dignidade batismal é prontamente ligada ao Sacerdócio comum como raiz dos Ministérios batismais, e é reafirmada a relação necessária entre o Sacerdócio comum e o Sacerdócio ministerial, que "ordenam-se mutuamente um ao outro, pois um e outro participam, a seu modo, do único sacerdócio de Cristo" (LG 10);

b) Sublinha-se que o lugar mais propício para tornar efetiva a participação de todos no Sacerdócio de Cristo, capaz de valorizar o Ministério ordenado na sua particularidade e, ao mesmo tempo, promover os Ministérios batismais na sua variedade, é a Igreja local, chamada a discernir quais os carismas e ministérios que são úteis para o bem de todos num determinado contexto social, cultural e eclesial. É necessário dar um novo impulso à participação especial dos Leigos na evangelização nos vários âmbitos da vida social, cultural, económica e política, bem como valorizar o contributo dos Consagradas e Consagrados, com os seus diferentes carismas, na vida da Igreja local;

c) a experiência de caminhar juntos na Igreja local permite imaginar novos ministérios ao serviço de uma Igreja sinodal. Muitas vezes, referindo-se ao texto, à visão e à linguagem da LG 10-12, as Assembleias continentais pedem um maior reconhecimento dos Ministérios batismais e a possibilidade de os realizar no registo da subsidiariedade entre os diferentes níveis da Igreja. Nesta linha, muitas destas questões poderiam ser respondidas através de um trabalho sinodal mais aprofundado nas Igrejas locais, onde, com base no princípio da participação diferenciada na tria munera de Cristo, é mais fácil manter clara a complementaridade entre o Sacerdócio comum e o Sacerdócio ministerial, identificando com discernimento os ministérios batismais necessários à comunidade.

d) Uma Igreja "toda ministerial" não é necessariamente uma Igreja "toda de Ministérios instituídos". Há legitimamente muitos ministérios que brotam da vocação batismal: ministérios espontâneos, alguns ministérios reconhecidos que não são instituídos, e outros que, através da instituição, recebem formação específica, missão e estabilidade. Crescer como Igreja sinodal implica o compromisso de discernir juntos quais os ministérios que devem ser criados ou promovidos à luz dos sinais dos tempos, como resposta ao serviço do mundo.

Pergunta para discernimento

Como poderemos avançar na Igreja para uma corresponsabilidade real e efetiva, em chave missionária, para uma realização mais plena das vocações, carismas e ministérios de todos os Batizados? Como podemos assegurar que uma Igreja mais sinodal seja também uma "Igreja toda ministerial"?

Sugestões para a oração e a reflexão preparatória

1) Como viver a celebração do Batismo, da Confirmação e da Eucaristia de modo a que sejam ocasiões para testemunhar e promover a participação e a corresponsabilidade de todos como participantes ativos na vida e na missão da Igreja? Que caminhos formativos devem ser postos em ação para fomentar na Igreja uma compreensão da ministerialidade que não se reduza ao ministério ordenado?
2) Como discernir numa Igreja local os Ministérios batismais, estabelecidos ou não, necessários para a missão? Que espaços estão disponíveis para a experimentação a nível local? Que valor atribuir a esses Ministérios? Em que condições podem ser assumidos por toda a Igreja?

3) O que é que podemos aprender com outras Igrejas e Comunidades eclesiais relativamente à ministerialidade e aos ministérios?

4) A corresponsabilidade manifesta-se e realiza-se, antes de mais, na participação de todos na missão: como valorizar o contributo específico dos vários carismas e vocações (desde os ligados às capacidades e competências, incluindo profissionais, dos indivíduos, até aos que inspiram os institutos de vida consagrada e as sociedades de vida apostólica, os movimentos, as associações, etc.) ao serviço da harmonia do empenho comunitário e da vida eclesial, sobretudo nas Igrejas locais?

5) Como criar espaços e momentos de efetiva participação em corresponsabilidade na missão dos Fiéis que, por razões diversas, estão à margem da vida comunitária, mas que, segundo a lógica do Evangelho, podem dar um contributo insubstituível (idosos e doentes, pessoas com deficiência, pobres, pessoas sem formação cultural, etc.)?

6) Muitas pessoas experimentam o empenhamento na construção de uma sociedade justa e no cuidado da casa comum como resposta a uma vocação autêntica e como opção de vida, mesmo em detrimento de alternativas profissionais mais remuneradoras. Como pensar em formas de reconhecimento deste compromisso, de modo a tornar claro que não se trata de uma opção pessoal, mas de uma ação que torna tangível a preocupação da Igreja?

B 2.3 Como pode a Igreja do nosso tempo cumprir melhor a sua missão através de um maior reconhecimento e promoção da dignidade batismal das mulheres?

No Batismo, o cristão entra num novo vínculo com Cristo e, n'Ele e por Ele, com todos os Batizados, com todo o gênero humano e com toda a criação. Filhas e filhos do único Pai, ungidos pelo mesmo Espírito, em virtude de partilharem o mesmo vínculo com Cristo, os Batizados são dados uns aos outros como membros de um único corpo, no qual gozam de igual dignidade (cf. Gal 3,26-28). A fase de escuta reafirmou a consciência desta realidade, indicando que ela deve encontrar uma realização cada vez mais concreta na vida da Igreja também através de relações de mutualidade, reciprocidade e complementaridade entre homens e mulheres:

a) de modo essencialmente unânime, mesmo se as perspetivas de cada continente são diferentes, todas as Assembleias continentais pedem que se preste atenção à experiência, à condição e ao papel das mulheres. Celebram a fé, a participação e o testemunho de tantas mulheres em todo o mundo, leigas e consagradas, como evangelizadoras e, muitas vezes, primeiras formadoras na fé, notando especialmente a sua contribuição para a "margem profética", em lugares remotos e contextos sociais problemáticos;

b) além disso, as Assembleias continentais apelam a uma reflexão mais profunda sobre a realidade dos fracassos relacionais, que são também fracassos estruturais que afetam a vida das mulheres na Igreja, convidando a um processo de conversão contínua para tentar tornar-se mais plenamente aquilo que já somos no Batismo. As prioridades para a Assembleia sinodal incluem abordar as alegrias e tensões, bem como as oportunidades de conversão e renovação na forma como vivemos as relações entre homens e mulheres na Igreja, também na concretude das relações entre Ministros ordenados, Consagradas e Consagrados, Leigas e Leigos;

c) durante a primeira fase do Sínodo, as questões da participação das mulheres, o seu reconhecimento, a relação de apoio mútuo entre homens e mulheres e a presença de mulheres em posições de responsabilidade e de governo emergiram como elementos cruciais na procura de como viver a missão da Igreja de uma forma mais sinodal. As mulheres que participaram na primeira fase expressaram claramente um desejo: que a sociedade e a Igreja sejam um lugar de crescimento, de participação ativa e de pertença saudável para todas as mulheres. Pedem à Igreja que esteja ao seu lado para acompanhar e promover a realização deste desejo. Numa Igreja que quer ser verdadeiramente sinodal, estas questões devem ser abordadas em conjunto, e devem ser construídas em conjunto respostas concretas para um maior reconhecimento da dignidade batismal das mulheres e para a luta contra todas as formas de discriminação e exclusão de que são vítimas na comunidade eclesial e na sociedade;

d) finalmente, as Assembleias continentais sublinham a pluralidade de experiências, pontos de vista e perspetivas das mulheres e pedem que esta diversidade seja reconhecida nos trabalhos da Assembleia Sinodal, evitando tratar as mulheres como um grupo homogéneo ou como um tema de discussão abstrato ou ideológico.

Pergunta para o discernimento

Que medidas concretas pode a Igreja tomar para renovar e reformar os seus procedimentos, disposições institucionais e estruturas, de modo a permitir um maior reconhecimento e participação das mulheres, incluindo no governo e a todos os estágios dos processos decisórios, incluindo a tomada de decisões, em um espírito de comunhão e com vistas à missão?

Sugestões para a oração e a reflexão preparatória

1) As mulheres desempenham um papel importante na transmissão da fé, nas famílias, nas paróquias, na vida consagrada, nas associações e movimentos, nas instituições laicais, como professoras e catequistas. Como reconhecer, apoiar, acompanhar o seu contributo já considerável? Como valorizá-lo para aprender a ser uma Igreja cada vez mais sinodal?
2) Os carismas das mulheres já estão presentes e atuam na Igreja de hoje. O que é que podemos fazer para os discernir e apoiar e para aprender o que o Espírito nos quer ensinar através deles?

3) Todas as Assembleias continentais apelam a que se aborde a questão da participação das mulheres na governança, na tomada de decisões, na missão e nos ministérios a todos os níveis da Igreja, com o apoio de estruturas apropriadas para que isto não permaneça apenas uma aspiração geral.

   a) Como é que as mulheres podem ser incluídas em cada uma destas áreas em maior número e de novas formas?
   b) Como é que, na vida consagrada, as mulheres podem estar mais bem representadas nos processos de governança e de tomada de decisões, mais bem protegidas dos abusos e também mais justamente remuneradas pelo seu trabalho?
   c) Como podem as mulheres contribuir para a governança, ajudando a promover uma maior responsabilidade e transparência e a reforçar a confiança na Igreja?
   d) Como aprofundar a reflexão sobre a contribuição das mulheres na reflexão teológica e no acompanhamento das comunidades? Como dar espaço e reconhecimento a esta contribuição nos processos formais de discernimento a todos os níveis da Igreja?
   e) Que novos ministérios poderiam ser criados para proporcionar meios e oportunidades para a participação efetiva das mulheres nos órgãos de discernimento e de decisão? Como aumentar a corresponsabilidade nos processos de tomada de decisão em lugares remotos e em contextos sociais problemáticos, onde as mulheres são frequentemente os principais agentes da pastoral e da evangelização?

Os contributos recebidos durante a primeira fase referem que as tensões com os Ministros Ordenados surgem na ausência de dinâmicas de corresponsabilidade e de processos de tomada de decisão partilhados.

4) A maior parte das Assembleias continentais e as sínteses de numerosas Conferências Episcopais pedem que se volte a considerar a questão do acesso das mulheres ao Diaconado. Como se pode encarar esta questão?

5) Como é que os homens e as mulheres podem cooperar melhor no desempenho do ministério pastoral e no exercício de responsabilidades conexas?

B 2.4 Como valorizar o Ministério ordenado, na sua relação com os Ministérios batismais, numa perspetiva missionária?

Os Documentos finais das Assembleias continentais exprimem um forte desejo de que se aborde a reflexão sobre a relação entre os Ministérios ordenados e os Ministérios batismais, sublinhando a dificuldade de o fazer na vida ordinária das comunidades. O processo sinodal oferece uma oportunidade preciosa para, à luz do ensinamento do Concílio Vaticano II, se debruçar sobre a correlação entre a riqueza das vocações, dos carismas e dos ministérios radicados no Batismo, por um lado, e o Ministério ordenado, por outro, visto como um dom e uma tarefa inalienável ao serviço do Povo de Deus. Em particular:

a) na perspetiva traçada pelo Concílio Vaticano II, é reafirmada a necessária relação entre o Sacerdócio comum e o Sacerdócio ministerial. Entre ambos não há oposição ou concorrência, nem espaço para reivindicações: o que se exige é que se reconheça a sua complementaridade;

b) as Assembleias Continentais expressam um claro apreço pelo dom do Sacerdócio ministerial e, ao mesmo tempo, um profundo desejo de sua renovação numa perspetiva sinodal. Assinalam a dificuldade de envolver uma parte dos Presbíteros no processo sinodal e constatam a preocupação generalizada por um exercício do Ministério ordenado não adaptado aos desafios do nosso tempo, distante da vida e das necessidades do povo, muitas vezes confinado apenas à esfera litúrgico-sacramental. Manifestam também a sua preocupação pela solidão em que vivem muitos Presbíteros e sublinham a sua necessidade de cuidados, amizade e apoio;

c) o Concílio Vaticano II ensina que "o ministério eclesiástico, instituído por Deus, é exercido em ordens diversas por aqueles que desde a antiguidade são chamados Bispos, presbíteros e diáconos" (LG 28). Das Assembleias continentais emerge o pedido de que o Ministério ordenado, na diferença de tarefas, seja para todos um testemunho vivo de comunhão e de serviço na lógica da gratuidade evangélica. Expressam também o desejo de que os Bispos, Presbíteros e Diáconos exerçam o seu ministério num estilo sinodal, reconheçam e valorizem os dons e carismas presentes na comunidade, favoreçam e acompanhem os processos de assunção comunitária da missão, garantam decisões em sintonia com o Evangelho e na escuta do Espírito Santo. É também necessária uma renovação dos programas dos seminários, para que sejam mais sinodais e estejam mais em contato com todo o Povo de Deus;

d) em relação a esta conceção do Ministério ordenado ao serviço da vida batismal, sublinha-se que o clericalismo é uma força que isola, separa e enfraquece uma Igreja sã e integralmente ministerial, e indica-se a formação como caminho privilegiado para o superar eficazmente. Sublinha-se também que o clericalismo não é uma prerrogativa apenas dos Ministros ordenados, mas atua de formas diferentes em todas as componentes do Povo de Deus;

e) em muitas regiões, a confiança nos Ministros ordenados, nos titulares de cargos eclesiásticos, nas instituições eclesiais e na Igreja no seu conjunto é minada pelas consequências do "escândalo dos abusos cometidos por membros do clero ou de pessoas que desempenham um cargo eclesial: em primeiro lugar e sobretudo os abusos sobre menores e pessoas vulneráveis, mas também os de outro género (espirituais, sexuais, económicos, de autoridade, de consciência). Trata-se de uma ferida aberta, que continua a infligir dor às vítimas e aos sobreviventes, às suas famílias e comunidades" (DEC 20).

Pergunta para discernimento

Como promover na Igreja uma mentalidade e formas concretas de corresponsabilidade em que a relação entre os Ministérios batismais e o Ministério ordenado seja fecunda? Se a

Igreja é toda ministerial, como compreender os dons específicos dos Ministros ordenados no seio do único Povo de Deus numa perspetiva missionária?

Sugestões para a oração e a reflexão preparatória

1) Que relação tem o Ministério dos Presbíteros, consagrados "para pregar o Evangelho, apascentar os fiéis e celebrar o culta divino" (LG 28), com os Ministérios batismais? Que relação tem este tríplice ofício dos Ministros ordenados com a Igreja enquanto Povo profético, sacerdotal e real?

2) Na Igreja local, os Presbíteros "constituem com o seu Bispo um presbitério" (LG 28). Como pode crescer esta unidade entre o Bispo e o seu Presbitério para um serviço mais eficaz ao Povo de Deus confiado aos cuidados do Bispo?

3) A Igreja é enriquecida pelo ministério de tantos Presbíteros que pertencem aos institutos de vida consagrada e às sociedades de vida apostólica. Como é que o seu ministério, caraterizado pelo carisma do Instituto a que pertencem, pode promover uma Igreja mais sinodal?

4) Como compreender o ministério do Diácono permanente numa Igreja sinodal missionária?

5) Quais podem ser as diretrizes para uma reforma dos currículos de formação nos seminários e nas escolas de teologia, em sintonia com a figura sinodal da Igreja? Como é que a formação dos Presbíteros os pode colocar em relação mais estreita com os processos pastorais e com a vida da porção do Povo de Deus que são chamados a servir?

6) Que caminhos de formação devem ser postos em ação para favorecer na Igreja uma compreensão da ministerialidade que não se reduza ao Ministério ordenado, mas que ao mesmo tempo o valorize?

7) Como podemos discernir juntos as formas em que o clericalismo de Ministros ordenados e Leigos, impede a plena expressão da vocação dos Ministérios ordenados na Igreja, bem como de outros membros do Povo de Deus? Como podemos encontrar formas de o ultrapassar em conjunto?

8) É possível que, particularmente em lugares onde o número de Ministros ordenados é muito baixo, os leigos possam assumir o papel de líderes comunitários? Que implicações é que isto tem na compreensão do Ministério ordenado?

9) É possível, como propõem alguns continentes, abrir uma reflexão sobre a possibilidade de rever, pelo menos nalgumas áreas, a disciplina sobre o acesso ao Presbiterado dos homens casados?

10) Como é que uma conceção do Ministério ordenado e uma formação dos candidatos mais enraizada na visão da Igreja sinodal missionária podem contribuir para os esforços de prevenção da recorrência de abusos sexuais e outras ordens?

B 2.5 Como renovar e promover o Ministério do Bispo numa perspetiva sinodal missionária?

O ministério do Bispo está enraizado na Escritura e desenvolvido na Tradição em fidelidade à vontade de Cristo. Fiel a esta tradição, o Concílio Vaticano II propôs uma doutrina muito rica sobre os bispos, "sucessores dos Apóstolos, que, com o sucessor de Pedro, vigário de Cristo e cabeça visível de toda a Igreja, governam a casa de Deus vivo" (LG 18). O capítulo da Lumen Gentium sobre a constituição hierárquica da Igreja afirma a sacramentalidade do episcopado e, a partir daí, desenvolve o tema da colegialidade (LG 22-23) e do ministério episcopal como exercício dos três ofícios (tria munera, LG 24-27). O Sínodo dos Bispos foi então instituído como um órgão que permite aos bispos participarem com o Bispo de Roma na solicitude por toda a Igreja. O convite a viver com maior intensidade a dimensão sinodal exige um renovado aprofundamento do ministério episcopal, para o inserir mais solidamente num quadro sinodal. Em particular:

a) o Colégio Episcopal, sujeito, juntamente com o Romano Pontífice que é a sua cabeça e nunca sem ele, "do supremo e pleno poder sobre toda a Igreja" (LG 22), participa no processo sinodal quer quando cada Bispo inicia, orienta e conclui a consulta do Povo de Deus que lhe foi confiada, como também quando os Bispos reunidos exercem juntos o carisma do discernimento, nos Sínodos ou Conselhos de Hierarcas das Igrejas Orientais Católicas e nas Conferências Episcopais, nas Assembleias Continentais e, de forma peculiar, na Assembleia sinodal;

b) aos Bispos, sucessores dos Apóstolos, que receberam "o encargo da comunidade, presidindo em lugar de Deus ao rebanho de que são pastores" (LG 20), o processo sinodal pede-lhes que vivam uma confiança radical na ação do Espírito nas suas comunidades, sem considerar a participação de todos como uma ameaça ao seu ministério de liderança. Pelo contrário, exorta-os a serem um princípio de unidade na sua Igreja, chamando todos (Presbíteros e Diáconos, Consagradas e Consagrados, Fiéis leigas e leigos) a caminharem juntos como Povo de Deus e a promoverem um estilo sinodal de Igreja;

c) a consulta ao Povo de Deus pôs em evidência que o fato de se tornar uma Igreja mais sinodal implica também um maior envolvimento de todos no discernimento, o que exige que se repensem os processos de decisão. Consequentemente, há uma exigência de estruturas de governo adequadas, inspiradas por uma maior transparência e responsabilidade, o que também afeta o modo como o ministério do Bispo é exercido. Isto também dá origem a resistências, receios ou sentimentos de desorientação. Em particular, enquanto alguns apelam a um maior envolvimento de todos os fiéis e, portanto, a um exercício "menos exclusivo" do papel dos bispos, outros expressam dúvidas e temem o risco de uma deriva inspirada nos mecanismos da democracia política;

d) igualmente forte é a consciência de que toda a autoridade na Igreja procede de Cristo e é guiada pelo Espírito Santo. A diversidade dos carismas sem autoridade torna-se anarquia, assim como o rigor da autoridade sem a riqueza dos carismas, dos ministérios e das vocações se torna ditadura. A Igreja é ao mesmo tempo sinodal e hierárquica; por isso o exercício sinodal da autoridade episcopal é conotado como acompanhamento e salvaguarda da unidade. O caminho para realizar a recompreensão do ministério episcopal é a prática da sinodalidade, que compõe na unidade as diferenças de dons, carismas, ministérios e vocações que o Espírito suscita na Igreja;

e) Prosseguir com a renovação do ministério episcopal numa Igreja mais plenamente sinodal requer mudanças culturais e estruturais, muita confiança recíproca e, sobretudo, confiança na orientação do Senhor. Por isso, muitos esperam que a dinâmica do diálogo no Espírito possa entrar na vida quotidiana da Igreja e animar as reuniões, os conselhos, os órgãos de decisão, favorecendo a construção de um sentido de confiança recíproca e a formação de um consenso efetivo;

f) o ministério do Bispo inclui também a pertença ao Colégio episcopal e, consequentemente, o exercício da corresponsabilidade pela Igreja universal. Este exercício insere-se também na perspetiva da Igreja sinodal, "no espírito de uma 'sã descentralização'", para "deixar à competência dos Pastores a faculdade de resolver, no exercício da 'sua própria tarefa de mestres' e de pastores, as questões que conhecem bem e que não tocam a unidade da doutrina, da disciplina e da comunhão da Igreja, atuando sempre com aquela corresponsabilidade que é fruto e expressão daquele específico *mysterium communionis* que é a Igreja" (PE II,2; cf. EG 16; DV 7).

Pergunta para o discernimento

Como entender a vocação e a missão do Bispo numa perspetiva missionária sinodal? Que renovação de visão e formas de exercício concreto do ministério episcopal são necessárias numa Igreja sinodal caraterizada pela corresponsabilidade?

Sugestões para a oração e a reflexão preparatória

1) "os Bispos representam de forma eminente e conspícua o próprio Cristo, mestre, pastor e pontífice" (LG 21). Que relação tem este ministério com o dos Presbíteros, "para pregar o Evangelho, apascentar os fiéis e celebrar o culto divino" (LG 28)? Que relação tem este tríplice ofício dos Ministros ordenados com a Igreja enquanto Povo profético, sacerdotal e real?

2) Como é que o exercício do ministério episcopal solicita a consulta, a colaboração e a participação nos processos de decisão do Povo de Deus?

3) Com que critérios pode um Bispo avaliar-se e ser avaliado no desempenho do seu serviço num estilo sinodal?

4) Em que casos pode um Bispo sentir-se obrigado a tomar uma decisão diferente dos conselhos ponderados oferecidos pelos órgãos consultivos? Qual seria o fundamento dessa obrigação?

5) Qual é a natureza da relação entre o "sentir sobrenatural da fé" (LG 12) e o serviço magisterial do Bispo? Como se pode compreender e articular melhor a relação entre a Igreja sinodal e o ministério do Bispo? Os Bispos devem discernir juntos ou separados dos outros membros do Povo de Deus?

Ambas as opções (em conjunto e separadamente) têm lugar numa Igreja sinodal?

6) Como garantir o cuidado e o equilíbrio dos três ofícios (santificar, ensinar, governar) na vida e no ministério do Bispo? Em que medida os atuais modelos de vida e ministério episcopal permitem ao Bispo ser uma pessoa de oração, um mestre da fé e um administrador sábio e eficaz, e manter as três funções em tensão criativa e missionária? Como rever o perfil do Bispo e o processo de discernimento para identificar os candidatos ao Episcopado numa perspetiva sinodal?

7) Como deve evoluir o papel do Bispo de Roma e o exercício do primado numa Igreja sinodal?

B 3. Participação, responsabilidade e autoridade

Que processos, estruturas e instituições numa Igreja sinodal missionária?

B 3.1 Como renovar o serviço da autoridade e o exercício da responsabilidade numa Igreja sinodal missionária?

Uma Igreja constitutivamente sinodal é chamada a articular o direito de todos a participar na vida e na missão da Igreja, em virtude do Batismo, com o serviço da autoridade e o exercício da responsabilidade que, sob diversas formas, é confiado a alguns. O caminho sinodal é uma oportunidade para discernir quais são os caminhos adequados no nosso tempo para realizar esta articulação. A primeira fase permitiu recolher algumas ideias a este respeito:

a) as funções de autoridade, de responsabilidade e de governo – por vezes sinteticamente designadas pelo termo Inglês leadership – assumem formas muito diversas na Igreja. A autoridade na vida consagrada, nos movimentos e associações, nas instituições ligadas à Igreja (como universidades, fundações, escolas, etc.) é diferente da que deriva do Sacramento da Ordem, assim como a autoridade espiritual ligada a um carisma é diferente da ligada ao serviço ministerial. As diferenças entre estas formas devem ser salvaguardadas, sem esquecer que todas elas têm em comum o fato de serem um serviço na Igreja;

b) em particular, todos partilham o apelo a conformar-se com o exemplo do Mestre, que disse de si mesmo: "Eu estou no meio de vós como o que serve" (Lc 22,27). "Para os discípulos de Jesus, ontem, hoje e sempre, a única autoridade é a autoridade do serviço."[16] Estas são as coordenadas fundamentais para crescer no exercício da autoridade e da responsabilidade, em todas as suas formas e a todos os níveis da vida da Igreja. É a perspetiva daquela conversão missionária "destinada a renovar a Igreja segundo a imagem da própria missão de amor de Cristo" (EP I,2);

c) nesta linha, os documentos da primeira fase exprimem algumas caraterísticas do exercício da autoridade e da responsabilidade numa Igreja sinodal missionária: atitude de serviço e não de poder ou controle, transparência, encorajamento e promoção das pessoas, competência e capacidade de visão, discernimento, inclusão, colaboração e delegação. Acima de tudo, é sublinhada a atitude e a vontade de ouvir. É por isso que se sublinha a necessidade de formação específica nestas competências para aqueles que ocupam posições de responsabilidade e autoridade, bem como a ativação de processos de seleção mais participativos, especialmente para os Bispos;

---

16. FRANCISCO, Discurso por ocasião da comemoração do 50º aniversário da instituição do Sínodo dos Bispos, 17 de outubro de 2015.

d) A perspetiva da transparência e da prestação de contas é fundamental para um exercício autenticamente evangélico da autoridade e da responsabilidade. No entanto, também suscita receios e resistências. É por isso que é importante confrontar seriamente, com uma atitude de discernimento, as mais recentes descobertas das ciências da gestão e da liderança. Além disso, o diálogo no Espírito é indicado como uma forma de gerir processos de tomada de decisão e de construção de consensos capazes de gerar confiança e de favorecer um exercício de autoridade adequado a uma Igreja sinodal;

e) As Assembleias continentais assinalam também fenómenos de apropriação do poder e dos processos de decisão por parte de alguns em posições de autoridade e responsabilidade. A estes fenómenos ligam a cultura do clericalismo e as diversas formas de abuso (sexual, econômico, espiritual e de poder), que corroem a credibilidade da Igreja e comprometem a eficácia da sua missão, sobretudo nas culturas onde o respeito pela autoridade é um valor importante.

Pergunta para discernimento

Como podem a autoridade e a responsabilidade ser entendidas e exercidas ao serviço da participação de todo o Povo de Deus? Que renovação da compreensão e das formas de exercício da autoridade, da responsabilidade e do governo é necessária para crescer como Igreja sinodal missionária?

Sugestões para a oração e a reflexão preparatória

1) O ensinamento do Concílio Vaticano II sobre a participação de todos na vida e na missão da Igreja está efetivamente incorporado na consciência e na prática das Igrejas locais, particularmente pelos pastores e por aqueles que exercem funções de responsabilidade? O que é que pode favorecer uma consciência e uma apreciação mais profundas deste fato no cumprimento da missão da Igreja?

2) Na Igreja existem funções de autoridade e de responsabilidade não ligadas ao Sacramento da Ordem, que são exercidas ao serviço da comunhão e da missão nos institutos de vida consagrada e nas sociedades de vida apostólica, nas associações e agregações laicais, nos movimentos eclesiais e nas novas comunidades, etc. Como promover um exercício destas formas de autoridade próprias de uma Igreja sinodal e como viver, nelas, a relação com a autoridade ministerial dos Pastores?

3) Que elementos devem fazer parte da formação em autoridade de todos os líderes da igreja? Como incentivar a formação no método do diálogo no Espírito e a sua aplicação autêntica e incisiva?

4) Quais podem ser as linhas de reforma dos seminários e das casas de formação, para que possam estimular os candidatos ao Ministério ordenado a crescer num estilo de exercício da autoridade próprio de uma Igreja sinodal? Como repensar, a nível nacional, a Ratio Fundamentalis Institutionis Sacerdotalis e os seus documentos de aplicação? Como devem ser reorientados os currículos das escolas de teologia?

5) Que formas de clericalismo persistem na comunidade cristã? Existe ainda uma perceção de distância entre os Fiéis leigos e os Pastores: o que pode ajudar a superá-la? Que formas de exercício da autoridade e da responsabilidade devem ser superadas, por não serem adequadas a uma Igreja constitutivamente sinodal?

6) Em que medida a escassez de Presbíteros em algumas regiões constitui um estímulo para questionar a relação entre o Ministério ordenado, o governo e a assunção de responsabilidades na comunidade cristã?

7) O que é que podemos aprender sobre o exercício da autoridade e da responsabilidade com outras Igrejas e Comunidades eclesiais?

8) Em todas as épocas, o exercício da autoridade e da responsabilidade na Igreja é influenciado pelos modelos de gestão e pelo imaginário de poder que prevalece na sociedade. Como tomar consciência disso e exercer um discernimento evangélico sobre as práticas dominantes de exercício da autoridade, na Igreja e na sociedade?

B 3.2 Como podemos desenvolver práticas de discernimento e processos de tomada de decisão de uma forma autenticamente sinodal, reforçando o papel de liderança do Espírito?

Como Igreja sinodal, somos chamados a discernir juntos os passos a dar para realizar a missão de evangelização, sublinhando o direito de todos a participar na vida e na missão da Igreja e exortando ao contributo insubstituível de cada Batizado. Na base de todo o discernimento está o desejo de fazer a vontade do Senhor e o crescimento na familiaridade com Ele através da oração, da meditação da Palavra e da vida sacramental, que nos permite escolher como Ele escolheria. Sobre o lugar do discernimento numa Igreja sinodal missionária:

a) das Assembleias continentais emerge com força o desejo de processos de decisão mais partilhados, capazes de integrar o contributo de todo o Povo de Deus, mas também a competência de alguns, e de envolver aqueles que, por várias razões, permanecem à margem da vida comunitária, como as mulheres, os jovens, as minorias, os pobres e os excluídos. A este desejo junta-se a insatisfação com formas de exercício da autoridade em que as decisões são tomadas sem consulta;
b) as Assembleias continentais dão voz aos receios de alguns que veem em concorrência as dimensões sinodal e hierárquica, ambas constitutivas da Igreja. No entanto, também estão a surgir sinais do contrário. Um primeiro exemplo é a experiência de que, quando a autoridade toma decisões no âmbito de processos sinodais, a comunidade é mais facilmente capaz de reconhecer a sua legitimidade e de as aceitar. Um segundo exemplo é a consciência crescente de que a falta de intercâmbio com a comunidade enfraquece o papel da autoridade, remetendo-a por vezes para um exercício de afirmação de poder. Um terceiro exemplo é a atribuição

de responsabilidades eclesiais a Fiéis leigos, que as exercem de forma construtiva e não opositiva, em regiões onde o número de Ministros ordenados é muito reduzido;

c) a adoção generalizada do método do diálogo no Espírito durante a fase de consulta permitiu que muitos experimentassem alguns dos elementos de um processo de discernimento comunitário e de construção participativa de consensos, sem esconder conflitos ou criar polarizações;

d) aqueles que desempenham tarefas de governo e de responsabilidade são chamados a suscitar, facilitar e acompanhar processos de discernimento comunitário que incluam a escuta do Povo de Deus. Em particular, cabe à autoridade episcopal um serviço fundamental de animação e validação do caráter sinodal destes processos e de confirmação da fidelidade das conclusões ao que emergiu no processo. Em particular, cabe aos Pastores verificar a consonância entre as aspirações das suas comunidades e o "depósito sagrado da palavra de Deus, confiado à Igreja" (DV 10), consonância que permite que essas aspirações sejam consideradas como expressão genuína do sentido de fé do Povo de Deus;

e) A perspetiva do discernimento comunitário interpela a Igreja a todos os níveis e em todas as suas articulações e formas organizativas. Para além das estruturas paroquiais e diocesanas, diz respeito também aos processos de decisão de associações, movimentos e agregações de leigos, onde atravessa mecanismos institucionais que habitualmente implicam o recurso a instrumentos como o voto. Põe em causa a forma como os órgãos de decisão das instituições ligadas à Igreja (escolas, universidades, fundações, hospitais, centros de acolhimento e de ação social, etc.) identificam e formulam orientações de funcionamento. Por fim, interpela os institutos de vida consagrada e as sociedades de vida apostólica em aspetos que se cruzam com as peculiaridades dos seus carismas e do seu direito próprio (cf. DEC 81);

f) a adoção de processos de decisão que utilizem de forma estável o discernimento comunitário requer uma conversão pessoal, comunitária, cultural e institucional, bem como um investimento formativo.

Pergunta para discernimento

Como pensar em processos de decisão mais participativos, que deem espaço à escuta e ao discernimento comunitário, apoiados pela autoridade como serviço de unidade?

Sugestões para a oração e a reflexão preparatória

1) Que espaço ocupa a escuta da Palavra de Deus nos nossos processos de decisão? Como é que podemos dar espaço ao protagonismo do Espírito Santo de forma concreta e não apenas em palavras?

2) Como é que o diálogo no Espírito, que abre o dinamismo do discernimento comunitário, pode contribuir para a renovação dos processos de decisão na Igreja? Como é que pode ser

"institucionalizado" e tornar-se uma prática corrente? Que mudanças são necessárias no direito canónico?

3) Como promover o ministério do facilitador dos processos de discernimento comunitário, assegurando que aqueles que o realizam recebam uma formação e um acompanhamento adequados? Como formar Ministros Ordenados para acompanhar os processos de discernimento comunitário?

4) Como promover a participação das mulheres, dos jovens, das minorias e das vozes marginais nos processos de discernimento e de tomada de decisões?

5) Como é que uma articulação mais clara entre a totalidade do processo de tomada de decisão e o momento específico da tomada de decisão nos pode ajudar a identificar melhor qual é a responsabilidade dos diferentes atores em cada fase? Como é que entendemos a relação entre a tomada de decisão e o discernimento em comum?

6) Como é que os consagrados e as consagradas podem e devem participar nos processos de decisão das Igrejas locais? O que podemos aprender da sua experiência e das suas diferentes espiritualidades no que respeita ao discernimento e aos processos de decisão? O que é que podemos aprender com as associações, movimentos e agregações de leigos?

7) Como lidar de forma construtiva com os casos em que a autoridade sente que não pode confirmar as conclusões alcançadas por um processo de discernimento comunitário e toma uma decisão numa direção diferente? Que tipo de

restituição deve essa autoridade oferecer àqueles que participaram no processo?

8) O que é que podemos aprender da sociedade e da cultura em termos de gestão dos processos participativos? Que modelos, por outro lado, podem revelar-se um obstáculo à construção de uma Igreja mais sinodal?

9) Que contributo podemos receber da experiência de outras Igrejas e Comunidades eclesiais? E da experiência de outras religiões? Que estímulos das culturas indígenas, minoritárias e oprimidas nos podem ajudar a repensar os nossos processos de decisão? Que conhecimentos nos trazem as experiências que têm lugar no ambiente digital?

B 3.3 Que estruturas podem ser desenvolvidas para consolidar uma Igreja sinodal missionária?

As Assembleias continentais exprimem vivamente o desejo de que o modo de proceder sinodal, experimentado no atual caminho, penetre na vida quotidiana da Igreja a todos os níveis, renovando as estruturas existentes – a começar pelos Conselhos pastorais diocesanos e paroquiais, os Conselhos para os assuntos econômicos, os Sínodos diocesanos ou eparquiais – ou instituindo novas estruturas. Sem diminuir a importância da renovação das relações no seio do Povo de Deus, a intervenção nas estruturas é indispensável para consolidar as mudanças no tempo. Em particular:

a) para que não fique no papel ou seja confiada apenas à boa vontade dos indivíduos, a corresponsabilidade na missão que deriva do Batismo deve concretizar-se em formas estruturadas. Por isso, são necessários quadros institucionais adequados e espaços nos quais se possa praticar regularmente o discernimento comunitário. Não se trata de uma exigência de redistribuição do poder, mas da necessidade de um exercício efetivo da corresponsabilidade que deriva do Batismo. Este confere direitos e deveres a cada pessoa, que devem poder ser exercidos de acordo com os carismas e ministérios de cada um;

b) isto requer que as estruturas e as instituições funcionem com procedimentos adequados: transparentes, orientados para a missão, abertos à participação, capazes de dar espaço às mulheres, aos jovens, às minorias e aos pobres e marginalizados. Isto vale para as instâncias participativas já mencionadas, cujo papel deve ser reafirmado e consolidado, mas também: para os órgãos de decisão das associações, dos movimentos e das novas comunidades; para os órgãos de governo dos institutos de vida consagrada e das sociedades de vida apostólica (de modo adequado ao carisma particular de cada um deles); para as múltiplas e variadas instituições, muitas vezes também sujeitas ao direito civil, através das quais se realiza a ação missionária e o serviço da comunidade cristã: escolas, hospitais, universidades, meios de comunicação social, centros de acolhimento e de ação social, centros culturais, fundações, etc.;

c) a exigência de uma reforma das estruturas e instituições e dos mecanismos de funcionamento no sentido da transparência é particularmente forte nos contextos mais marcados pela crise dos abusos (sexuais, económicos, espirituais, psicológicos, institucionais, de consciência, de poder, de jurisdição). Uma parte do problema reside frequentemente no tratamento inadequado dos casos de abuso, o que põe em causa os mecanismos e procedimentos de funcionamento das estruturas e instituições, bem como a mentalidade das pessoas que nelas trabalham. A perspetiva de transparência e de corresponsabilidade também suscita receios e resistências; é por isso que é necessário aprofundar o diálogo, criando oportunidades de partilha e de confronto a todos os níveis;

d) o método do diálogo no Espírito revela-se particularmente precioso para restabelecer a confiança nos contextos em que, por várias razões, se desenvolveu um clima de desconfiança entre as diversas componentes do Povo de Deus. Um caminho de conversão e de reforma, à escuta da voz do Espírito, requer estruturas e instituições capazes de o acompanhar e apoiar. As Assembleias continentais exprimem com força a convicção de que não bastam apenas as estruturas, mas é necessária também uma mudança de mentalidade; daí a necessidade de um investimento na formação;

e) além disso, parece oportuno intervir também no direito canónico, reequilibrando a relação entre o princípio da autoridade, fortemente afirmado na legislação atual, e o princípio da participação; reforçando a orientação sinodal dos institutos já existentes; criando novos institutos, onde isso parecer necessário para as necessidades da vida da comunidade; supervisionando a aplicação efetiva da legislação.

Pergunta para discernimento

Uma Igreja sinodal precisa de viver a corresponsabilidade e a transparência: como é que esta consciência pode servir de base à reforma das instituições, das estruturas e dos procedimentos, de modo a consolidar a mudança ao longo do tempo?

Sugestões para a oração e a reflexão preparatória

1) Como mudar as estruturas canônicas e os procedimentos pastorais para favorecer a corresponsabilidade e a transparência? As estruturas atuais são suficientes para garantir a participação ou são necessárias novas estruturas?
2) Como pode o direito canônico contribuir para a renovação das estruturas e das instituições? Que mudanças parecem necessárias ou oportunas?
3) Quais são os obstáculos (mentais, teológicos, práticos, organizacionais, financeiros, culturais) que impedem a transformação dos órgãos de participação atualmente previstos no direito canônico em órgãos de discernimento comunitário eficaz? Que reformas são necessárias para que possam apoiar a missão de forma efetiva, criativa e vibrante? Como torná-los mais abertos à presença e à contribuição das mulheres, dos

jovens, dos pobres, dos migrantes, dos membros das minorias e daqueles que, por várias razões, se encontram à margem da vida comunitária?

4) Como é que a perspetiva da Igreja sinodal interpela as estruturas e os procedimentos da vida consagrada e as diferentes formas de agregação laical? E o funcionamento das instituições eclesiais?

5) Em que aspetos da vida das instituições é necessária uma maior transparência (relatórios econômicos e financeiros, seleção de candidatos a cargos de responsabilidade, nomeações, etc.)? Com que instrumentos é possível alcançar este objetivo?

6) A perspetiva de transparência e de abertura aos processos conjuntos de consulta e de discernimento suscita igualmente receios. Como é que eles se manifestam? O que receiam as pessoas que manifestam esses receios? Como é que esses receios podem ser abordados e ultrapassados?

7) Em que medida é possível distinguir entre os membros de uma instituição e a própria instituição? As responsabilidades pelo tratamento dos casos de abuso são individuais ou sistémicas? Como é que a perspetiva sinodal pode contribuir para criar uma cultura de prevenção de abusos de todos os tipos?

8) O que podemos aprender com a forma como as instituições públicas e o direito público e civil procuram responder às necessidades de transparência e de responsabilidade da sociedade (separação de poderes, órgãos de controle independentes,

obrigações de publicidade de certos procedimentos, limites à duração dos mandatos, etc.)?

9) O que podemos aprender da experiência de outras Igrejas e Comunidades eclesiais sobre o funcionamento das estruturas e instituições num estilo sinodal?

B 3.4 Como configurar instâncias de sinodalidade e colegialidade envolvendo agrupamentos de igrejas locais?

A primeira fase do processo sinodal pôs em evidência o papel das instâncias de sinodalidade e colegialidade que reúnem as várias Igrejas locais: as Estruturas Hierárquicas Orientais e, na Igreja Latina, as Conferências Episcopais (cf. EP I,7). Os Documentos elaborados nas várias etapas sublinham como a consulta do Povo de Deus nas Igrejas locais e as sucessivas etapas de discernimento foram uma verdadeira experiência de escuta do Espírito através da escuta recíproca. Da riqueza desta experiência é possível tirar ensinamentos para a construção de uma Igreja cada vez mais sinodal:

a) o processo sinodal pode tornar-se "um dinamismo de comunhão que inspira todas as decisões eclesiais"[17], porque envolve verdadeiramente todos os sujeitos – o Povo de Deus,

---

17. Ibid.

o Colégio episcopal, o Bispo de Roma –, cada um segundo a sua função. O desenrolar ordenado das etapas dissipou o receio de que a consulta ao Povo de Deus conduzisse a um enfraquecimento do ministério dos Pastores. Pelo contrário, a consulta era possível porque era iniciada por cada Bispo, como "princípio e fundamento visível da unidade" (LG 23) na sua Igreja. Posteriormente, nas Estruturas Hierárquicas Orientais e nas Conferências Episcopais, os Pastores realizaram um ato de discernimento colegial sobre os contributos provenientes das Igrejas locais. Assim, o processo sinodal propiciou um verdadeiro exercício da colegialidade episcopal numa Igreja plenamente sinodal;

b) a questão do exercício da sinodalidade e da colegialidade nas instâncias que envolvem grupos de Igrejas locais unidas por tradições espirituais, litúrgicas e disciplinares, por contiguidade geográfica e proximidade cultural, a começar pelas Conferências Episcopais, necessita de uma renovada reflexão teológica e canónica: nelas "a communio Episcoporum exprime-se ao serviço da communio Ecclesiarum fundada na communio Fidelium" (EP I,7).

c) uma razão para enfrentar esta tarefa surge na Evangelii gaudium: "Não convém que o Papa substitua os episcopados locais no discernimento de todas as problemáticas que sobressaem nos seus territórios. Neste sentido, sinto a necessidade de proceder a uma salutar 'descentralização'" (n. 16). Por ocasião do 50º aniversário da instituição do Sínodo dos Bispos, o Santo Padre recordou que a sinodalidade se exerce não só a nível das Igrejas locais e a nível da Igreja universal, mas também a nível dos agrupamentos de Igrejas, como as Províncias e as Regiões eclesiásticas, os Conselhos particulares e sobretudo as Conferências Episcopais: "devemos refletir para se realizarem ainda mais, através destes organismos, as instâncias intermédias da colegialidade, talvez integrando e atualizando alguns aspetos do ordenamento eclesiástico antigo"[18].

Pergunta para discernimento

À luz da experiência sinodal até agora realizada, como pode a sinodalidade encontrar uma melhor expressão nas e através das instituições que envolvem grupos de Igrejas locais, como os Sínodos dos Bispos e os Conselhos de Hierarcas das Igrejas Católicas Orientais, as Conferências Episcopais e as Assembleias continentais, de modo a que sejam concebidos "como sujeitos de atribuições concretas, incluindo alguma autêntica autoridade doutrinal" (EG 32) numa perspetiva missionária?

Sugestões para a oração e a reflexão preparatória

1) A dinâmica sinodal da escuta do Espírito através da escuta mútua oferece-se como a forma mais praticável de traduzir a colegialidade episcopal em ação numa Igreja plenamente sinodal. Partindo da experiência do processo sinodal:

---

18. Ibid.

a) como é que a escuta do Povo de Deus se pode tornar a forma habitual de tomada de decisões na Igreja a todos os níveis da sua vida?

b) Como realizar a escuta do Povo de Deus nas Igrejas locais? Em particular, como valorizar os organismos de participação, para que sejam "lugares" efetivos de escuta e de discernimento eclesial?

c) Como repensar os processos de decisão a nível dos órgãos episcopais das Igrejas Católicas Orientais e das Conferências Episcopais a partir da escuta do Povo de Deus nas Igrejas locais?

d) Como integrar a instância continental no direito canônico?

2) Sendo a consulta nas Igrejas locais a escuta efetiva do Povo de Deus, o discernimento dos Pastores assume o caráter de um ato colegial que confirma com autoridade o que o Espírito falou à Igreja através do sentido de fé do Povo de Deus:

a) Que grau de autoridade doutrinal pode ser atribuído ao discernimento das Conferências Episcopais? Como é que as Igrejas Católicas Orientais regulam os seus corpos episcopais?

b) Que grau de autoridade doutrinal pode ser atribuído ao discernimento de uma Assembleia continental? Ou dos organismos que reúnem as Conferências Episcopais à escala continental ou internacional?

c) Que papel desempenha o Bispo de Roma nestes processos de agrupamento de Igrejas? Como é que pode ser exercido?

3) Que elementos da antiga ordem eclesiástica devem ser integrados e atualizados para que as Estruturas Hierárquicas Orientais, as Conferências Episcopais e as Assembleias continentais sejam efetivamente instâncias intermédias de sinodalidade e colegialidade?

4) O Concílio Vaticano II afirma que a Igreja inteira e todas as suas partes beneficiam da comunicação mútua dos respetivos dons (cf. LG 13):
   a) Que valor podem ter para as outras Igrejas as deliberações de um Concílio plenário, de um Concílio particular, de um Sínodo diocesano?
   b) Que ensinamentos podemos retirar da rica experiência sinodal das Igrejas Católicas Orientais?
   c) Em que medida a convergência de vários agrupamentos de Igrejas locais (Concílios particulares, Conferências Episcopais, etc.) sobre uma mesma questão compromete o Bispo de Roma a assumi-la para a Igreja universal?
   d) Em que modo deve ser exercitado o serviço da unidade confiado ao Bispo de Roma quando as instâncias locais tiverem de assumir orientações entre ela diferentes? Que espaço existe para a diversidade de orientações entre as diversas regiões?

5) O que podemos aprender com a experiência de outras Igrejas e Comunidades eclesiais no que diz respeito aos agrupamentos de Igrejas locais para exercer a colegialidade e a sinodalidade?

B 3.5 Como se pode reforçar a instituição do Sínodo para que seja uma expressão da colegialidade episcopal numa Igreja totalmente sinodal?

Com o Motu Proprio Apostolica sollicitudo (15 de setembro de 1965), São Paulo VI instituiu o Sínodo como "concílio permanente dos Bispos para a Igreja universal". Assim, aceitou o pedido da assembleia conciliar de assegurar a participação dos Bispos na solicitude por toda a Igreja, tendo o cuidado de especificar que "este Sínodo, como qualquer instituição humana, pode ser aperfeiçoado com o passar do tempo". Com a Constituição Apostólica Episcopalis communio (15 de setembro de 2018), o Papa Francisco concretizou este esperado "aperfeiçoamento", transformando o Sínodo de um acontecimento circunscrito a uma assembleia de Bispos num processo de escuta articulado em etapas (cf. art. 4), no qual toda a Igreja e todos na Igreja – Povo de Deus, Colégio episcopal, Bispo de Roma – são verdadeiramente participantes.

a) O Sínodo 2021-2024 está a demonstrar claramente que o processo sinodal é o contexto mais adequado para o exercício integrado do primado, da colegialidade e da sinodalidade como elementos inalienáveis de uma Igreja em que cada sujeito desempenha a sua função peculiar da melhor forma possível e em sinergia com os outros;
b) compete ao Bispo de Roma convocar a Igreja em Sínodo, convocando uma Assembleia para a Igreja universal, bem

como iniciar, acompanhar e concluir o respetivo processo sinodal. Esta prerrogativa pertence-lhe como "perpétuo e visível fundamento da unidade, não só dos Bispos mas também da multidão dos Fiéis" (LG 23);

c) uma vez que "cada um dos Bispos é princípio e fundamento visível da unidade nas suas respetivas igrejas [...] das quais e pelas quais existe a Igreja católica, una e única" (LG 23), compete a cada Bispo diocesano iniciar, acompanhar e concluir a consulta do Povo de Deus na sua Igreja. À luz da solicitude que os Bispos têm pela Igreja universal (cf. LG 23), compete-lhes também cooperar nos organismos supradiocesanos onde se exerce a sinodalidade e a colegialidade, desempenhando a função de discernimento eclesial própria do ministério episcopal;

d) embora estes organismos não reúnam todo o Colégio episcopal, o discernimento realizado pelos Pastores através deles assume um caráter colegial, devido à própria finalidade do ato. De fato, as Assembleias dos Bispos, no âmbito do processo sinodal, têm a tarefa de escrutinar os resultados das consultas nas Igrejas locais, nas quais se manifesta o sentido da fé do Povo de Deus. Como poderia um ato não colegial discernir o que o Espírito diz à Igreja através da consulta do Povo de Deus que "não pode enganar-se na fé" (LG 12)?

e) A experiência sinodal até agora realizada mostrou também como é possível desenvolver um efetivo exercício de colegialidade numa Igreja sinodal: embora o discernimento seja um ato que compete em primeiro lugar "àqueles que presidem na

Igreja" (LG 12), ganhou em profundidade e adesão aos temas a examinar graças ao contributo dos outros membros do Povo de Deus que participaram nas Assembleias continentais.

Pergunta para discernimento

À luz da relação dinâmica e circular entre a sinodalidade da Igreja, a colegialidade episcopal e o primado petrino, como aperfeiçoar a instituição do Sínodo para que se torne um espaço certo e garantido para o exercício da sinodalidade, assegurando a plena participação de todos – Povo de Deus, Colégio episcopal e Bispo de Roma – no respeito das suas funções específicas? Como avaliar a experiência de extensão participativa a um grupo de "não-bispos" na primeira sessão da XVI Assembleia Geral Ordinária do Sínodo dos Bispos (outubro de 2023)?

Sugestões para a oração e a reflexão preparatória

1) O processo sinodal introduz na Igreja "um dinamismo de comunhão que inspira todas as decisões eclesiais"[19]:
   a) Como é que este dinamismo se pode tornar o modo de proceder habitual a todos os níveis da vida da Igreja?
   b) Qual é o papel do princípio de autoridade?
   c) Como é que muda a compreensão da autoridade na Igreja a diferentes níveis, incluindo a do Bispo de Roma?

---

19. Ibid.

2) A primeira fase do caminho sinodal concretiza o movimento do particular para o universal, com a consulta do Povo de Deus nas Igrejas locais e os subsequentes atos de discernimento nas Estruturas Hierárquicas Orientais e nas Conferências Episcopais, primeiro, e nas Assembleias continentais, depois:
   a) como garantir que a consulta capte verdadeiramente a manifestação do sentido da fé do Povo de Deus que vive numa determinada Igreja?
   b) Como se pode reforçar a "fecunda ligação entre o sensus fidei do Povo de Deus e a função magisterial dos Pastores" (DP 14) nas Estruturas Hierárquicas Orientais, nas Conferências Episcopais e nas Assembleias continentais?
   c) Até que ponto é desejável uma presença de membros qualificados do Povo de Deus também nas Assembleias das Conferências Episcopais, bem como nas Assembleias continentais?
   d) Que função podem desempenhar os organismos eclesiais permanentes constituídos por mais do que bispos, como a Conferência Eclesial recentemente criada para a Região Amazônica?

3) A segunda fase do caminho sinodal exprime, na Assembleia dos Bispos convocada para Roma, a universalidade da Igreja que escuta o que o Espírito disse ao Povo de Deus:
   a) Como é que esta assembleia episcopal se insere no processo sinodal?

b) Como é que se consegue a continuidade com a primeira fase do processo sinodal? A presença de testemunhas qualificadas é suficiente para a garantir?

c) Se as Assembleias das Conferências Episcopais e as Assembleias continentais são atos de discernimento, como se caracteriza este novo ato de discernimento e que valor tem?

4) A terceira fase envolve o movimento de retorno dos resultados da Assembleia sinodal às Igrejas locais e a sua implementação: o que pode ajudar a realizar plenamente a "interioridade mútua" entre as dimensões universal e local da única Igreja?